100 astuces pour tout réussir en cuisine

100 astuces
pour tout réussir en cuisine

• MARABOUT •

Extraits de *Tous mes secrets pour réussir en cuisine*, publié pour la première fois en 1997
par Quadrille Publishing Limited sous le titre original : *Cooked to Perfection*.
Photographies : Peter Williams, sauf page 6 : PhotoAlto Jean-Blaise Hall, page 1, 3, 5, et 82 : Zefa.
Édition : Marianne Arnould.

SOMMAIRE

Les préparations salées

CUISSON DES GROSSES PIÈCES DE BŒUF

ON CONSIDÈRE QU'IL EXISTE QUATRE STADES DE CUISSON DE LA VIANDE : TRÈS SAIGNANTE OU BLEUE, SAIGNANTE, À POINT ET BIEN CUITE : OPTEZ POUR UN MODE DE CUISSON ADAPTÉ À VOTRE GOÛT.

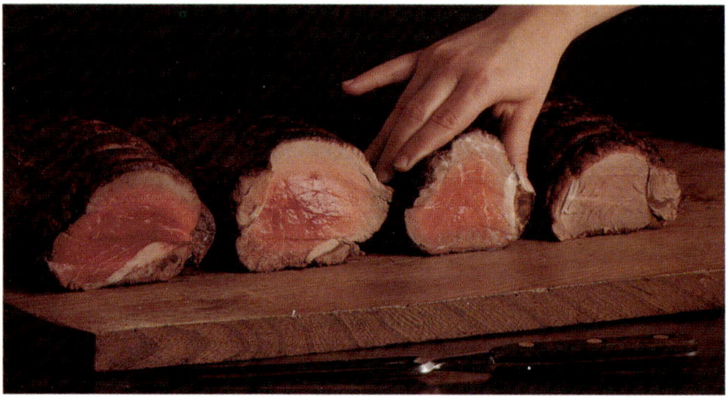

De gauche à droite.

Viande bleue

Pour le bœuf – Extérieur saisi, mais la chair adhère toujours à l'os, extérieur bien cuit, intérieur saignant voire bleu quand on découpe la viande ; brochette à peine tiède quand on la pique et le jus ne s'écoule pas ; thermomètre indique moins de 52 °C.
Nota : ce type de cuisson n'est pas toujours apprécié de tous les convives.

Viande saignante

Pour le bœuf, l'agneau et le chevreuil – Extérieur doré, chair se détachant de l'os ; extérieur cuit et intérieur saignant, juteux et parfumé ; brochette tiède quand on la pique et jus bien rose ; thermomètre indique 52 °C.
Nota : les grosses pièces continuent à cuire dans leur chaleur résiduelle pendant 5 à 10 minutes.

Viande à point

Pour le bœuf, l'agneau, le chevreuil, le marcassin – Extérieur bien rôti, viande se détachant des os ; viande juteuse et aromatique quand on la découpe, passant d'une croûte brune à un cœur rose foncé ; brochette chaude quand on la pique et jus de couleur sombre ; thermomètre indique 60 °C.

Viande bien cuite

Pour le bœuf, l'agneau et tout le gibier – Croûte brune, la pièce a réduit à la cuisson ; extérieur sec et fibreux, viande sombre quand on la découpe ; brochette chaude quand on la pique et jus transparent ; thermomètre indique 70 °C.
Nota : le bœuf et le gibier peuvent devenir très secs quand ils sont bien cuits.

PROBLÈMES ET SOLUTIONS

Cuisson insuffisante, viande pâle

Pourquoi : température de cuisson trop basse ; temps de cuisson trop court.
Que faire : prolongez la cuisson, augmentez la température si nécessaire.

Cuisson excessive, viande sèche

Pourquoi : viande (surtout pour le bœuf) peu persillée ; cuisson trop longue ; température trop élevée ; découpe trop longue et étroite favorisant une cuisson rapide ; manque d'arrosage ; absence de jus car viande trop rapidement découpée.
Que faire : découpez dans le sens contraire des fibres ; servez avec beaucoup de sauce ou de jus ; attirez l'attention avec des légumes colorés : carottes, choux de Bruxelles ou chou vert pour le bœuf, haricots verts, courgettes ou oignons grelots pour l'agneau, et chou rouge et potiron pour le gibier.

RATTRAPAGE EXPRESS

Faites un soffritto classique de la cuisine italienne qui accompagnera merveilleusement vos viandes rôties. Coupez 2 oignons, mettez-les dans le mixeur avec 2 gousses d'ail épluchées. Hachez rapidement. Coupez 2 côtes de céleri et 2 carottes épluchées en morceaux et hachez-les également. Ajoutez-les aux oignons avec 10 cl d'huile d'olive, salez et poivrez. Faites sauter en remuant souvent, pendant 10 à 12 minutes, jusqu'à ce que les légumes soient transparents et dorés. Goûtez et rectifiez l'assaisonnement. Proportions pour 4 à 6 personnes.

CUISSON DES PIÈCES DE VEAU

LA CUISSON DU RÔTI DE VEAU EST PLUS DÉLICATE QUE CELLE DES VIANDES ROUGES (BŒUF, AGNEAU ET GIBIER), BIEN QU'UN GRAND NOMBRE DE PRINCIPES DE PRÉPARATION, D'ASSAISONNEMENT ET DE CUISSON CONVIENNENT AUX DEUX.

Cuisson insuffisante

Extérieur à peine doré ; brochette froide lorsqu'on la retire au bout de 30 secondes ; jus rose vif ; thermomètre indiquant moins de 66 °C ; viande rose et translucide quand on la découpe.

Pourquoi : température de cuisson trop basse ; temps de cuisson trop court ; morceau trop épais ou avec os qui ralentissent la cuisson.

Que faire : prolongez la cuisson en augmentant la température si nécessaire.

Cuisson à point parfaite

Extérieur du rôti (ici poitrine roulée) légèrement doré ; brochette chaude quand on la retire au bout de 30 secondes et jus à peine rosé ; thermomètre indiquant 66 °C ; viande juteuse, rosée au centre, parfumée quand on la découpe.

Nota : les grosses pièces continuent à cuire dans leur chaleur résiduelle pendant 5 à 10 minutes.

Viande bien cuite

Extérieur bien doré ; viande ferme à la pression (Voir test du pouce, page 32) ; brochette très chaude quand on la retire au bout de 30 secondes ; jus transparent ; thermomètre indiquant 70 °C ; viande colorée, juteuse et parfumée quand on la découpe.

PROBLÈMES ET SOLUTIONS

Cuisson excessive, viande sèche

Pourquoi : cuisson trop longue ; température trop élevée ; pièce allongée et étroite entraînant une cuisson trop rapide.

Que faire : arrosez abondamment de sauce brune, veloutée ou de jus (voir p. 74) et accompagnez de bouquets de légumes colorés : carottes, navets, oignons grelots, épinards à la crème.

Viande dure ou manquant de goût

Pourquoi : veau mal nourri ; morceau inadapté au mode de cuisson ; viande mal conservée ou congelée ; manque d'arrosage ; assaisonnement insuffisant ; cuisson excessive.

Que faire : découpez dans le sens contraire des fibres ; accompagnez de garnitures originales : épinards sautés à l'ail et aux oignons, spaetzles ou purée de carotte à la cardamome.

RATTRAPAGE EXPRESS

Accompagnez viandes et poissons de la sauce suivante : dans un petit bol, fouettez 5 cuill. à soupe de vinaigre balsamique avec 3 gousses d'ail hachées, du sel et du poivre. Ajoutez peu à peu 15 cl d'huile d'olive en battant. Émondez 3 tomates, concassez-les et ajoutez-les au mélange avec des feuilles de basilic coupées en lanières. Proportions pour 25 cl et 4 personnes.

CUISSON DES PIÈCES DE PORC

LE PORC EST INCONTESTABLEMENT LE CHAMPION DES REPAS DE FÊTE EN FAMILLE. FARCI AVEC DE L'AIL, DE L'OIGNON ET DES HERBES, IL DEVIENT INCONTESTABLEMENT UN METS DE ROI. PRÉFÉREZ UN MORCEAU AVEC OS, QUI RESTERA JUTEUX.

Cuisson insuffisante

Extérieur à peine doré et chair qui adhère à l'os ; brochette froide ou à peine tiède quand on la retire au bout de 30 secondes ; jus rose pâle ; thermomètre à viande indiquant moins de 70 °C : viande rose quand on la découpe.
Nota : une température interne de 70 °C à 75 °C détruit tous les parasites qui provoquent la trichinose, bien que le risque soit faible.
Pourquoi : température de cuisson trop basse ; temps de cuisson trop court ; rôti trop épais ou présence d'os ralentissant la cuisson.
Que faire : poursuivez la cuisson en augmentant la température si nécessaire.

Cuisson parfaite

Extérieur de la viande (ici carré de porc) bien doré et croustillant ; chair qui se détache des os ; thermomètre à viande indiquant 70 °C pour une viande à point et 75 °C pour une viande bien cuite ; brochette très chaude ou brûlante quand vous la retirez au bout de 30 secondes et jus rose très clair (à point) ou clair (bien cuit) ; viande tendre quand on pique avec une fourchette, juteuse et parfumée avec peu ou pas du tout de traces roses.
Nota : quand on les retire du four, les rôtis cuisent dans leur chaleur résiduelle pendant 5 à 10 minutes.

PROBLÈMES ET SOLUTIONS

Cuisson excessive et viande sèche

Pourquoi : cuisson trop longue ; température trop élevée ; morceau long et étroit à cuisson trop rapide.
Que faire : servez avec une sauce à la crème, du jus ou une sauce aux fruits (voir les sauces) et des garnitures comme les fruits secs ou la choucroute.

Viande dure ou fade

Pourquoi : morceau inadapté au mode de cuisson ; mauvaises manipulations ; arrosage insuffisant ; cuisson excessive.
Que faire : coupez dans le sens contraire des fibres et servez avec des légumes croquants, comme du céleri, des carottes ou des pois gourmands sautés ; si elle est très dure, coupez-la en tranches et faites mijoter dans du jus ou une sauce piquante.

RATTRAPAGE EXPRESS

Pour améliorer un rôti de porc très sec, faites la sauce suivante : dans un bol, mélangez 3 cuill. à soupe d'aneth finement haché, 2 cuill. à soupe de moutarde de Meaux, 2 cuill. à soupe de miel, 1 cuill. à soupe de moutarde de Dijon et 1 cuill. à soupe de sucre. Faites frémir pour faire fondre et mélangez bien.
Proportions pour environ 7 cl de sauce et 4 personnes.

GROSSES PIÈCES DE VIANDE

LA PLUPART DES MORCEAUX DE VIANDE GAGNENT EN TENDRETÉ AVEC UNE CUISSON À CHALEUR HUMIDE. ILS DOIVENT CUIRE LENTEMENT POUR DEVENIR TENDRES ET DIFFUSER LEURS SUCS DANS LE JUS.

Cuisson parfaite

Surface humide (ici, gigot braisé) et colorée en cas de braisage ou de cuisson en cocotte ; brochette chaude quand on la retire au bout de 30 secondes et jus transparent ; viande tendre quand on la pique, se détachant légèrement de l'os ; thermomètre à viande indiquant 70 °C ; viande uniformément cuite, moelleuse et succulente quand on la tranche. Nota : après avoir été retirées du four, les grosses pièces continuent de cuire dans leur chaleur pendant 5 à 10 min.

Viande très cuite

Surface plus sèche et très colorée en cas de braisage ou de cuisson en cocotte ; brochette très chaude ; viande très tendre, se détachant complètement de l'os et qu'on peut servir avec une cuillère ; thermomètre à viande indiquant plus de 70 °C ; viande qui tombe en morceaux quand on la découpe.

PROBLÈMES ET SOLUTIONS

Cuisson insuffisante

Pourquoi : température trop basse ; temps de cuisson trop court ; morceau trop épais ou contenant des os ralentissant la cuisson.

Que faire : prolongez la cuisson en augmentant la température si nécessaire et arrosez souvent.

Cuisson excessive, viande sèche

Pourquoi : cuisson trop longue ; température trop élevée ; morceau long et étroit trop vite cuit ; morceau inadapté au mode de cuisson ; manque de liquide de cuisson.

Que faire : coupez la viande en tranches, nappez de jus ou de sauce et mettez à four doux pendant 5 min.

Viande dure et filandreuse

Pourquoi : morceau inadapté au mode de cuisson ; viande peu persillée (bœuf), animal âgé (gibier) ou non nourri sous la mère (veau) ; viande trop fraîche insuffisamment rassie, mal conservée ou congelée ; cuisson de départ à l'eau chaude et non froide en cas de viande pochée ; cuisson trop rapide (veau) ; cuisson excessive.

Que faire : coupez en travers des fibres pour attendrir.

Manque de goût

Pourquoi : viande fade et insuffisamment rassie, mal conservée ou congelée ; assaisonnement insuffisant ; cuisson excessive.

Que faire : ravivez la sauce avec du cognac, de la moutarde, de la sauce soja ou du tabasco pour les viandes rouges et du xérès, du vinaigre balsamique ou du jus de citron pour les viandes blanches.

STEAKS

Ci-contre, de gauche à droite

Viande bleue

Pour le bœuf – Viande saisie ; la chair (ici, steak) n'offre aucune résistance à la pression (test du pouce, voir p. 32) ; jus ne perlant pas ; viande saignante à bleue quand on coupe ; parfum doux.

Viande saignante

Pour le bœuf, l'agneau et le gibier – Surface bien dorée et viande souple au centre (test du pouce, voir p. 32), ferme sur les côtés ; jus rose foncé perlant en surface ; viande rouge, juteuse et parfumée quand on la coupe.

Viande à point

Pour le bœuf, l'agneau et le gibier – Petite croûte brune en surface ; la viande résiste à la pression (test du pouce, voir p. 32) ; jus rose perlant en surface ; viande juteuse, rose foncé et très parfumée quand on la découpe.

Viande bien cuite

Pour le bœuf, l'agneau et le gibier – Croûte brune et sèche ; viande ferme à la pression (test du pouce, voir p. 32) ; jus transparent perlant en surface et quand on coupe.

Nota : le bœuf et le gibier peuvent être très secs quand ils sont bien cuits. Voir également « Stades de cuisson de la viande rôtie », p. 8.

PROBLÈMES ET SOLUTIONS

Viande trop cuite et sèche

Pourquoi : cuisson trop longue ; température trop élevée ; viande trop fine.

Que faire : servez avec une sauce au porto ou au madère, une sauce béarnaise ou une garniture : salade verte, tomate grillée, julienne de carottes, courgettes poêlées, pommes de terre sautées ou fricassée de champignons.

Viande dure

Pourquoi : morceau inadapté au mode de cuisson ; viande maigre peu persillée (surtout pour le steak), animal trop âgé (surtout pour le gibier) ; viande trop fraîche, peu rassie ; viande mal conservée ou congelée ; cuisson excessive.

Que faire : coupez la viande en tranches fines transversalement à la fibre, surtout pour le gibier et le steak maigre pris dans la bavette ; si la viande est très coriace, coupez-la en lamelles et cuisez-la en ragoût.

Manque de goût

Pourquoi : viande naturellement fade ; trop jeune ; manque d'assaisonnement.

Que faire : saupoudrez généreusement de sel, de poivre moulu et d'épices : piment rouge et noix muscade ; badigeonnez de sauce de soja, sauce Worcestershire ou tabasco ; flambez avec du cognac ou du whisky ; pour les garnitures, voyez « viande trop cuite et sèche ».

RATTRAPAGE EXPRESS

La très classique sauce au poivre est un excellent moyen de rattraper un steak trop cuit, dur et sans goût. Mettez 2 cuill. à soupe de grains de poivre noir dans un sac en plastique et écrasez-les avec un rouleau à pâtisserie, ou prenez 1 1/2 cuill. à soupe de poivre concassé. Ajoutez 20 cl de vin rouge et faites réduire à 2 cuill. à soupe. Mélangez au fouet 20 cl de crème épaisse et 1 cuill. à soupe de cognac, salez. Proportions pour 2-3 personnes.

CÔTES DE VEAU ET MÉDAILLONS

Cuisson à point parfaite

Surface (ici des médaillons) légèrement dorée et viande souple à la pression dans la partie charnue, bords fermes (test du pouce, voir p. 32) ; perles de jus rosé ; viande juteuse, à peine rosée et savoureuse quand on la découpe.

Viande parfaitement bien cuite

Surface bien dorée, formant une croûte ; viande ferme à la pression (test du pouce, voir p. 32) ; perles de jus transparentes ; viande moelleuse et parfumée quand on la découpe.

PROBLÈMES ET SOLUTIONS

Cuisson insuffisante

Pourquoi : temps de cuisson trop court ; température trop basse.

Que faire : poursuivez la cuisson en augmentant la température si nécessaire.

Cuisson excessive et viande sèche

Pourquoi : viande mal conservée ou congelée ; cuisson trop longue ; température trop élevée ; manque d'arrosage en cours de cuisson.

Que faire : arrosez avec une sauce au madère ou aux herbes et servez avec une garniture colorée : du risotto au safran, des épinards à la crème, des oignons grelots glacés.

Viande dure

Pourquoi : morceau inadapté au mode de cuisson ; veau non élevé totalement au lait ; viande mal conservée ou congelée ; cuisson trop rapide ; cuisson excessive.

Que faire : baissez le feu jusqu'à ce que la viande soit tendre ; ajoutez du fond ou du vin pour donner du moelleux.

Manque de goût

Pourquoi : viande fade ; viande mal conservée ou congelée ; manque de garniture aromatique ; cuisson insuffisante.

Que faire : salez, poivrez, arrosez de jus de citron, parsemez de sauge ou de thym ; réveillez avec une sauce forte aux poivrons rouges.

RATTRAPAGE EXPRESS

Pour améliorer des côtes ou médaillons de veau trop cuits, faites chauffer 1 cuill. à soupe de beurre ou d'huile dans une cocotte et faites fondre 1 oignon émincé. Ajoutez la viande, couvrez de bouillon. Couvrez la cocotte et faites frémir jusqu'à ce que la viande soit tendre, de 15 à 20 minutes pour les médaillons et de 30 à 40 minutes pour les côtes de veau. Enlevez la viande et réservez au chaud. Ajoutez 2 à 3 champignons émincés et faites frémir pendant 5 à 7 minutes Ajoutez 1 à 2 cuill. à soupe de crème fraîche, 1 cuill. à soupe de madère, de xérès ou de vin blanc doux, et des herbes hachées. Nappez la viande de la sauce.
Pour 2 personnes.

BŒUF, AGNEAU ET GIBIER EN MORCEAUX

LES MORCEAUX CONSEILLÉS POUR LE BRAISAGE, LA CUISSON AU FOUR ET LES RAGOÛTS SONT LA POITRINE DE BŒUF, LE PLAT DE CÔTES, LA TRANCHE, LE PALERON, LA MACREUSE, L'ÉPAULE D'AGNEAU, LE COLLIER, LES CÔTELETTES, LE JARRET, LES CUISSES ET ÉPAULES DU GIBIER.

Cuisson parfaite

Viande très tendre, se détachant aisément de l'os ainsi que de la fourchette à viande ; viande moelleuse et parfumée ; cartilage tendre et gélatineux.

RATTRAPAGE EXPRESS

Le taboulé libanais, frais et parfumé, accompagne bien les viandes en sauce. Versez 25 cl d'eau chaude sur 175 g de couscous précuit, ajoutez 1 cuill. à café de sel, mélangez et laissez gonfler. Levez les zestes de 2 citrons et mixez avec le jus. Ajoutez 1 oignon grossièrement haché, les feuilles d'un bouquet de menthe et de persil. Mixez rapidement. Versez sur la semoule. Émondez 3 tomates, épépinez-les, concassez-les et ajoutez-les à la semoule. Versez 15 cl d'huile d'olive et mélangez. Assaisonnez à volonté. Proportions pour 4 à 6 personnes.

PROBLÈMES ET SOLUTIONS

Cuisson insuffisante

Pourquoi : température trop basse ; temps de cuisson trop court.

Que faire : poursuivez la cuisson ; augmentez la température si nécessaire.

Cuisson excessive, viande sèche

Pourquoi : morceau inadapté au mode de cuisson ; cuisson trop longue ; température trop élevée ; manque de liquide de cuisson.

Que faire : servez avec une garniture solide : des pommes de terre gratinées au fromage, du riz au safran ou du boulgour ; servez le bœuf avec une sauce au raifort et des tomates au four, l'agneau avec des lentilles ou du fenouil ; le gibier avec une purée aigre-douce.

Viande dure et filandreuse

Pourquoi : viande trop peu persillée ; bête âgée (gibier) ; viande trop fraîche insuffisamment rassie ; viande mal conservée ou congelée ; cuisson trop rapide ; cuisson insuffisante.

Que faire : prolongez doucement la cuisson même si la viande se défait ; pour les garnitures, voir « Excès de cuisson et viande sèche ».

Manque de goût

Pourquoi : viande naturellement fade ; trop jeune ; mal conservée ou congelée ; assaisonnement insuffisant ; sauce trop liquide ; cuisson excessive.

Que faire : si la sauce est trop liquide, enlevez la viande, faites réduire et remettez la viande ; accompagnez de condiments : de la moutarde et des pickles avec le bœuf ; des aubergines ou des citrons confits en saumure avec l'agneau ; des champignons au vinaigre, de la sauce aux airelles avec le gibier.

CÔTES DE PORC, TRAVERS ET JAMBON

Cuisson insuffisante

Surface légèrement dorée et viande qui adhère à l'os ; viande très rose quand on la coupe ; perles de jus rosé en surface ; viande ferme sur les côtés et élastique au centre (test du pouce, voir p. 32). Nota : une température interne de 70 à 75 °C détruit tous les parasites provoquant la trichinose, bien qu'il existe peu de risques.
Pourquoi : temps de cuisson trop court ; température trop basse.
Que faire : poursuivez la cuisson en augmentant la température si nécessaire.

Cuisson parfaite

Surface bien dorée et chair qui commence à se détacher de l'os (ici, côtes de porc) ; viande juteuse quand on la découpe, perles de jus rose clair en surface pour la viande à point et transparent pour la viande bien cuite. Viande à point : ferme sur les côtés et résistante au centre (test du pouce, voir p. 32) ; viande bien cuite : ferme sur les côtés et au centre.

PROBLÈMES ET SOLUTIONS

Cuisson excessive, viande sèche
Pourquoi : cuisson trop longue ; température trop élevée ; tranches trop fines.
Que faire : arrosez de jus de cuisson, d'une sauce aux pommes ou d'une sauce moutarde.

Viande dure
Pourquoi : morceau inadapté au mode de cuisson ; viande de mauvaise qualité mal conservée ou congelée ; température trop élevée ; cuisson excessive.
Que faire : accompagnez de choucroute, avec de la purée de pommes de terre aux lardons et aux croûtons, ou d'huile d'olive parfumée à la sauge.

Manque de goût
Pourquoi : viande fade, mal conservée ou congelée ; manque de garniture aromatique ; cuisson excessive.
Que faire : servez avec une sauce piquante, à la diable ou aigre-douce accompagnée de chutney aux fruits : groseilles, abricots...

Jambon trop salé
Pourquoi : marinade trop salée ; cuisson excessive.
Que faire : pour atténuer le goût salé, servez avec une sauce aux fruits : pruneaux ou pommes ; si c'est vraiment trop salé, mettez dans une soupe, servez avec des pâtes, du riz ou des pommes de terre.

RATTRAPAGE EXPRESS

Si votre jambon est trop sec ou trop salé, accompagnez d'une sauce paprika : faites chauffer 15 g de beurre dans une poêle et faites fondre 1 oignon émincé. Ajoutez 1 cuill. à soupe de paprika et faites frémir en remuant souvent pendant 1 min. Ajoutez 2 à 3 cuill. à soupe de vodka et flambez. Ajoutez 25 cl de crème fraîche épaisse et portez à ébullition. Ajoutez le jambon, chauffez doucement en arrosant bien. Proportions pour 4 personnes.

SAUTÉS ET RAGOÛTS

UN BON RAGOÛT EST UN CONCENTRÉ DE PARFUMS ET DE SAVEURS, PROVENANT NON SEULEMENT DES AROMATES ET DE L'ASSAISONNEMENT MAIS SURTOUT DE LA LONGUE ET LENTE CUISSON QUI TRANSFORME LES JUS EN UNE SAUCE SAVOUREUSE.

Viande dure et cuisson insuffisante

Viande ferme quand on la pince entre le pouce et l'index et qui adhère à la fourchette ; sauce liquide manquant de goût.
Pourquoi : temps de cuisson trop court ; viande trop fraîche insuffisamment rassie (bœuf) ; animal âgé (gibier) ; non nourri sous la mère (veau) ; viande mal conservée ou congelée ; cuisson trop rapide.
Que faire : poursuivez la cuisson doucement ; pour les garnitures, voir « Cuisson excessive » et « Sauce dissociée ».

Cuisson parfaite

Viande qui s'écrase facilement quand on la pince entre le pouce et l'index ; chair tendre se détachant facilement de la fourchette ; viande très colorée (bœuf, agneau et gibier), légèrement colorée ou blanche (porc et veau) ; sauce riche, brillante et aromatique.

Cuisson excessive

Viande molle, tombant en morceaux ; sauce épaisse, grasse en surface.
Pourquoi : cuisson trop longue, trop rapide ; morceaux trop petits.
Que faire : servez avec du riz pilaf aux herbes, du risotto, de la polenta, parsemés de thym ou de sauge présentés en couronne ou autre forme attirante ; si c'est vraiment trop cuit, défaites la viande, remettez dans la sauce et nappez-en des pâtes ou du riz.

PROBLÈMES ET SOLUTIONS

Manque de goût

Pourquoi : viande fade, mal conservée ou congelée ; assaisonnement insuffisant ; sauce trop liquide ; cuisson excessive.

Que faire : en cas de sauce liquide, enlevez la viande et faites réduire la sauce ; ajoutez des épices, du jus de citron, du vinaigre, des anchois hachés, du cognac ou du whisky pour rehausser le goût, des herbes hachées, un zeste de citron râpé, de l'huile de sésame, de la noix muscade, des piments rouges secs, de la sauce de soja, du madère ou du porto pour donner de la profondeur.

Sauce dissociée

Pourquoi : cuisson excessive ; liquide complètement évaporé.

Que faire : ajoutez du bouillon ou de l'eau si les parfums sont très concentrés, puis battez pour émulsionner la sauce.

RATTRAPAGE EXPRESS

Si votre sauce manque de couleur ou de corps, ajoutez 2 à 3 cuill. à café de purée de tomates.

VIANDES HACHÉES

Cuisson à point parfaite

Pour le bœuf, l'agneau, le gibier et le veau – En cas de cuisson à sec, croûte brune et perles de jus rose ; en cas de cuisson en sauce, surface brune et humide ; consistance élastique au milieu, ferme aux bords (test du pouce, voir p. 32) ; viande juteuse et parfumée, rouge sombre à rose pâle selon le type de viande.

Viande parfaitement bien cuite

Pour le bœuf, l'agneau, le gibier, le porc et le veau – En cas de cuisson à sec, croûte bien grillée et perles de jus transparent ; en cas de cuisson en sauce, surface brune et humide ; consistance ferme au milieu et sur les bords ; intérieur parfumé et juteux.
Nota : lorsqu'ils sont bien cuits, le bœuf et le veau peuvent être très secs. Le porc doit être impérativement bien cuit pour éviter le parasite de la trichinose.

PROBLÈMES ET SOLUTIONS

Cuisson insuffisante
Pourquoi : boulettes ou croquettes trop grosses ; temps de cuisson trop court ; t° trop basse.
Que faire : prolongez la cuisson ; augmentez la t°.

Cuisson excessive, viande sèche
Pourquoi ; boulettes ou croquettes trop petites ; cuisson trop longue, température trop élevée.
Que faire : servez avec une sauce piquante ou une concassée (voir les sauces), du maïs grillé et des pommes de terre au four, accompagnez de lentilles épicées, de raïta de concombre et yaourt, de pitas chauds (agneau).

Viande coriace
Pourquoi : viande contenant de la graisse et des nerfs ; morceau inadapté au mode de cuisson ; animal âgé (gibier) ; viande mal conservée ou congelée.
Que faire : peu de chose, mais soyez imaginatif et voyez « Cuisson excessive et viande sèche ».

Viande grasse
Pourquoi : viande trop grasse ; morceau inadapté au mode de cuisson.
Que faire : servez avec de la moutarde, des pickles, une julienne de céleri au citron ; le riz et les pâtes aident à équilibrer l'excédent de graisse.

Mélange épais
Pourquoi : viande grasse ; viande hachée au mixeur ; viande trop travaillée.
Que faire : servez avec du maïs et du céleri croquants ou des oignons grelots glacés, des cornichons aigres-doux, un chutney.

RATTRAPAGE EXPRESS

Accompagnez d'une sauce la viande hachée fade ou trop cuite. Coupez 500 g de tomates fraîches en deux, épépinez et concassez. Mélangez avec 2 à 3 cuill. à soupe de vinaigre de vin rouge, 2 gousses d'ail hachées, du sel, du poivre et une grande quantité de menthe hachée. Proportions pour 4 personnes.

POULET

UN POULET ENTIER, RÔTI OU GRILLÉ, BRAISÉ, EN COCOTTE OU À LA BROCHE EST UN VRAI PLAISIR, FORT HEUREUSEMENT TOUT À FAIT ABORDABLE. ASSAISONNEZ LA PEAU ET LA CAVITÉ INTERNE DE SEL ET DE POIVRE, SAUCE SOJA, VIN BLANC OU HUILE D'OLIVE…

Cuisson insuffisante

Jus trop rose dans la cavité interne, peau blanche et molle ; articulation du pilon résistante ; chair ferme lorsqu'on pique avec une fourchette ; thermomètre à viande placé entre la cuisse et le blanc indiquant moins de 83 °C ; chair de la poitrine rosée lorsqu'on la pique avec un couteau et articulations des pattes rose vif.
Pourquoi : température de cuisson trop basse ; temps de cuisson trop court.
Que faire : prolongez la cuisson, augmentez la température.

Cuisson parfaite

Jus transparent s'écoule de la cavité interne ; peau uniformément dorée et croustillante ; articulation du pilon souple ; chair dodue et tendre lorsqu'on pique avec une fourchette, légèrement rétractée autour de l'os de la patte ; thermomètre placé entre la cuisse et le blanc indiquant 83 °C ; chair moelleuse lorsqu'on la découpe.
Nota : le thermomètre n'est pas fiable pour les poulets de moins de 1,5 kg.

Cuisson excessive, chair sèche

Chair filandreuse et rétractée ; peau éventuellement brûlée ; pattes se détachant facilement ; cuisson irrégulière si le poulet n'a pas été bridé.
Pourquoi : cuisson trop longue ; manque d'arrosage en cas de cuisson au four.
Que faire : arrosez avec une sauce brune ou une concassée (voir les sauces, p. 81) ; garnissez avec du cresson et ajoutez des éléments colorés : des poivrons ou des tomates au four.

PROBLÈMES ET SOLUTIONS

Viande dure

Pourquoi : poulet trop vieux ; cuisson insuffisante.
Que faire : en cas de cuisson en cocotte, ajoutez du liquide et poursuivez la cuisson ; en cas de cuisson au four, ajoutez du liquide, couvrez et poursuivez la cuisson.

Manque de goût

Pourquoi : poulet à chair fade ; manque d'assaisonnement.
Que faire : servez avec une sauce relevée, une sauce brune ou une concassée (voir les sauces, p. 81) et des garnitures relevées.

Chair humide et grasse

Pourquoi : poulet mal congelé et décongelé ; cuisson insuffisante ; température de cuisson trop basse ; en cas de cuisson en cocotte, trop de liquide ; en cas de cuisson au four, manque d'arrosage.
Que faire : poursuivez la cuisson à chaleur forte pendant 5 à 10 minutes, en découvrant ; arrosez souvent.

RATTRAPAGE EXPRESS

Pour un poulet rôti nature qui est sec, trop cuit et fade : badigeonnez le poulet brûlant d'un mélange de 2 cuill. à soupe de sauce de soja, 2 cuill. à café d'huile de sésame, 1 gousse d'ail finement hachée, 1 cuill. à soupe de gingembre frais haché, le jus d'un demi-citron vert et 1 cuill. à soupe de persil ou de coriandre hachés. Ou bien accompagnez de haricots sautés au sésame à la vietnamienne.

POULE AU POT

Cuisson insuffisante, viande dure

Chair de la cuisse ferme lorsqu'on la pique avec une fourchette ; jus rose ; chair humide et grasse, rosée, surtout à la jonction de la cuisse et de la poitrine ; articulation de la patte raide ; un thermomètre placé entre la cuisse et le blanc indique moins de 83 °C.

Pourquoi : température de cuisson trop basse ; temps de cuisson trop court.

Que faire : prolongez la cuisson jusqu'à ce que la viande soit tendre ; augmentez la température si nécessaire.

Cuisson parfaite

Viande tendre et jus transparent lorsqu'on pique la cuisse avec une fourchette ; aspect dodu ; chair se rétractant légèrement autour de l'os de la patte ; articulations souples ; un thermomètre placé entre la cuisse et le blanc indique 83 °C ; viande parfumée et moelleuse, légèrement ferme, lorsqu'on la découpe.

Nota : les volailles entières continuant de cuire dans leur chaleur résiduelle, arrêtez la cuisson légèrement en avance. Le thermomètre n'est pas fiable pour les volailles de moins de 1,5 kg.

PROBLÈMES ET SOLUTIONS

Excès de cuisson

Pourquoi : cuisson trop longue ; cuisson trop rapide ; cuisson irrégulière lorsque le poulet n'a pas été bridé.

Que faire : coupez le poulet en morceaux, désossez et nappez d'une sauce veloutée ou liée aux légumes (voir les sauces, pp. 74 et 80). Si c'est vraiment trop cuit, désossez, enlevez la peau, coupez la chair en morceaux et servez dans une sauce – ou arrosez d'une vinaigrette aux herbes et aux échalotes.

Manque de goût

Pourquoi : viande fade, assaisonnement insuffisant.

Que faire : si vous servez le plat chaud, salez et poivrez légèrement, accompagnez d'une sauce relevée liée aux légumes ou une concassée (voir les sauces, pp. 80-81) ; si vous servez froid, faites mariner pendant 1 à 2 heures dans une vinaigrette ou simplement dans du jus de citron.

RATTRAPAGE EXPRESS

Transformez un poulet trop cuit ou fade en salade : enlevez la viande de la carcasse et coupez-la en gros morceaux. Pour environ 500 g de poulet cuit, mélangez dans un bol 2 cuill. à soupe de moutarde de Dijon, 30 g d'estragon haché, de persil ou de ciboulette, 30 g d'amandes effilées et grillées, 250 g de grains de raisin coupés en deux et épépinés et 20 cl de mayonnaise. Ajoutez le poulet et mélangez. Rajoutez de la mayonnaise si vous le souhaitez, salez et poivrez.

Proportions pour 4 à 6 personnes.

DINDE

VOUS N'ÊTES PAS OBLIGÉ DE RÔTIR LA DINDE – VOUS POUVEZ LA BRAISER OU LA CUIRE EN COCOTTE AVEC DU VIN ET DES AROMATES, OU AVEC DU BOUILLON, AINSI VOUS COURREZ MOINS DE RISQUES !

Cuisson insuffisante

Articulation de la patte raide ; peau et chair d'apparence molle ; jus rosé lorsqu'on pique la cuisse avec une fourchette ; thermomètre introduit entre la cuisse et le blanc indiquant moins de 83 °C.

Pourquoi : temps de cuisson trop court ; température de cuisson trop basse.

Que faire : poursuivez la cuisson ; augmentez la température si nécessaire.

Cuisson parfaite

Articulation de la cuisse souple ; peau uniformément dorée et croustillante ; aspect dodu de la chair, qui se rétracte légèrement autour de l'os de la patte ; jus transparent lorsqu'on pique la cuisse avec une fourchette ; thermomètre introduit entre la cuisse et le blanc indiquant 83 °C ; chair moelleuse et parfumée au découpage.

Cuisson parfaite

Dinde désossée et roulée

Le thermomètre introduit au centre du rôti indique 83 °C ; l'extérieur est doré et le jus transparent quand on pique avec une fourchette ; une brochette piquée au centre du rôti ressort très chaude au bout de 30 secondes.

Nota : les grosses pièces continuant à cuire dans leur chaleur résiduelle, arrêtez la cuisson un peu plus tôt.

RATTRAPAGE EXPRESS

Évitez à tout prix les présentations médiocres : décorez le plat de petits paniers de tomate remplis de dés de céleri ou de concombre pour donner de la couleur. Pour accentuer le côté plantureux, entourez de saucisses grillées et de rouleaux de poitrine fumée grillés. Si la peau n'est pas grillée ou si elle est brûlée ou éclatée, décorez la dinde elle-même : avec des branches de cresson, des brins d'herbes aromatiques, ou même une fleur ou deux judicieusement placées. Les puristes ne seront pas d'accord, mais la dinde est un plat de fête et toutes les fantaisies sont permises.

VOLAILLES ET PETIT GIBIER À PLUME

TOUT LE MONDE ADORE LES PETITES VOLAILLES GRILLÉES. QUOI DE MEILLEUR, PAR EXEMPLE, QU'UN REPAS DE CAILLES GRILLÉES AU FEU DE BOIS, DORÉES ET JUTEUSES ? CHAQUE CONVIVE PEUT EN DÉVORER PLUSIEURS.

Cuisson insuffisante

Chair et jus roses lorsqu'on pique avec la pointe d'un couteau ; viande molle et peau peu colorée.
Pourquoi : température de cuisson trop basse ; sourcede chaleur trop éloignée de la volaille ; temps de cuisson trop court.
Que faire : poursuivez la cuisson ; augmentez la température si nécessaire ; approchez la viande de la source de chaleur.

Cuisson parfaite

Viande uniformément cuite et blanche ; jus transparent lorsqu'on pique avec la pointe d'un couteau ; peau croustillante et dorée sans trace de carbonisation ; chair moelleuse et parfumée.

Cuisson excessive

Chair sèche et filandreuse ; peau carbonisée ; peu ou pas de jus lorsqu'on découpe.
Pourquoi : cuisson trop longue ; cuisson trop rapide ; viande trop près de la source de chaleur ; arrosages insuffisants en cours de cuisson.
Que faire : badigeonnez de beurre fondu, d'huile, de jus de cuisson avant de servir ; accompagnez de sauce brune ou de concassée (voir les sauces, p. 81), ou d'assaisonnements asiatiques comme la sauce hoisin, le chutney à la mangue, ou de légumes au vinaigre.

PROBLÈMES ET SOLUTIONS

Chair fade
Pourquoi : chair naturellement fade ; manque d'assaisonnement.
Que faire : servez avec une sauce barbecue ou une concassée (p. 81).

Peau brûlée et cuisson irrégulière
Pourquoi : viande trop près de la source de chaleur ; mal aplatie.
Que faire : éloignez de la source de chaleur à mi-cuisson, ou emballez sommairement dans de l'aluminium ménager et mettez au four chauffé à 175 °C ; voir « Cuisson excessive » pour les accompagnements.

RATTRAPAGE EXPRESS

Les petites volailles sont quelquefois volontairement trop cuites, pour mettre en valeur la sauce suivante : mélangez 4 cuill. à soupe de ketchup, 3 cuill. à soupe de vinaigre de vin rouge, 30 g de beurre, 1 cuill. à soupe de sucre roux et un filet de tabasco dans une casserole. Portez à ébullition, remuez, vérifiez l'assaisonnement. Badigeonnez les oiseaux de ce mélange et servez le reste à part pour y tremper les morceaux de viande.
Proportions pour 4 petites volailles et 4 personnes.

MORCEAUX DE POULET ET CANARD

RENOUVELEZ ET VARIEZ VOS MENUS EN SERVANT DE LA VOLAILLE EN MORCEAUX : SOIT LA TOTALITÉ DE LA VOLAILLE ET VOS CONVIVES AURONT LE CHOIX DU MORCEAU, SOIT EXCLUSIVEMENT DES BLANCS OU DES CUISSES, CE QUI PERMET UNE CUISSON UNIFORME.

Cuisson insuffisante, viande dure

Jus rose lorsqu'on pique les morceaux, la viande adhère à la fourchette ; peau pâle ; chair molle manquant de fermeté.
Pourquoi : volaille trop âgée ou mauvaises manipulations ; température de cuisson trop basse ; temps de cuisson trop court.
Que faire : poursuivez la cuisson, augmentez la température si nécessaire. Si la viande ne s'attendrit pas, servez-la en tranches ou en salade.

Cuisson parfaite

Jus transparent lorsqu'on pique avec une fourchette, les morceaux se détachent facilement de la fourchette ; peau uniformément colorée ; chair ferme, tendre et moelleuse ; parfums agréables.

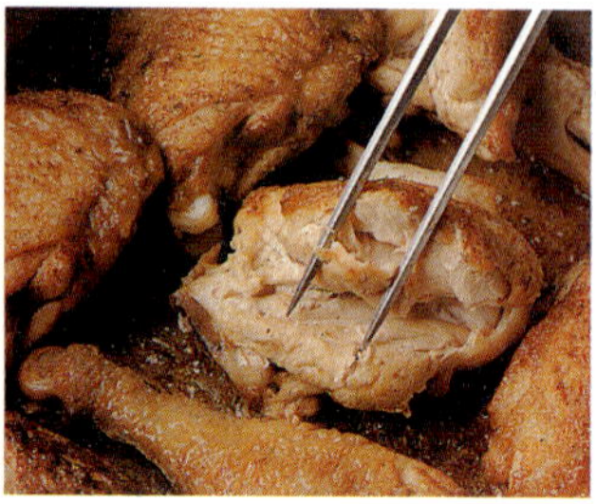

Cuisson excessive

Chair et peau se rétractent ; la viande est sèche et filandreuse.
Pourquoi : cuisson trop longue ; cuisson trop rapide ; mauvaises manipulations ; manque d'arrosage en cas de viande grillée ou rôtie.
Que faire : si la viande a été cuite en sauce, coupez-la en petits morceaux. Servez dans la sauce, sur des pâtes ou du riz, garnissez de tomates concassées ou d'herbes pour ajouter de la couleur. Si la viande est trop sèche, désossez et servez en salade.

PROBLÈMES ET SOLUTIONS

Goût fade
Pourquoi : viande naturellement fade ; assaisonnement insuffisant.
Que faire : servez avec une sauce blanche ou brune relevée (voir les sauces, p. 72), parfumée aux champignons et tomates, ou une sauce aux poivrons rouges grillés, une purée d'oignons caramélisés ou un pesto au basilic ; accompagnez de pâtes au pesto, de boulgour.

Surface sèche, cuisson irrégulière
Pourquoi : chaleur trop forte, en cas de viande grillée ; chaleur irrégulière, surtout en cocotte.
Que faire : baissez le feu, remuez les morceaux et poursuivez la cuisson.

Chair humide et grasse
Pourquoi : viande mal congelée et décongelée ; trop de liquide de pochage ou de braisage.
Que faire : poursuivez la cuisson à découvert pour réduire le liquide. Vérifiez l'aromatisation de la garniture.

Sauce dissociée
Pourquoi : excès de cuisson ; sauce trop réduite.
Que faire : ajoutez du bouillon, ou de l'eau si les parfums sont suffisamment concentrés, et fouettez pour émulsionner.

OIE ET CANARD ENTIERS

UN CANARD RÔTI À L'ORANGE, AUX CERISES, BRAISÉ À LA CHOUCROUTE OU AUX OLIVES, UNE OIE À LA RUSSE FARCIE AVEC DES NOIX, FARCIE AVEC DES POMMES ET DES PRUNEAUX – LA SIMPLE ÉVOCATION DE CES PLATS MET EN APPÉTIT !

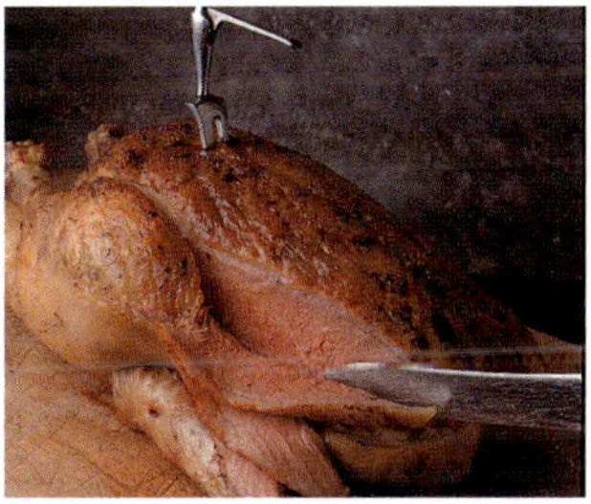

Cuisson légère parfaite

Filet rosé et juteux lorsqu'on découpe la volaille ; peau croustillante et dorée ; jus rosé qui s'écoule de la cavité interne ; articulation de la patte rigide et chair ferme lorsqu'on la pique avec une fourchette ; thermomètre introduit entre la patte et la poitrine indiquant moins de 83 °C ; parfum corsé.
Nota : les cuisses ne sont pas suffisamment cuites et auront besoin d'une cuisson supplémentaire, en général au gril.

Cuisson à point parfaite

Chair du filet à point, juteuse et tendre lorsqu'on découpe la volaille, peau croustillante et très dorée ; jus transparent qui s'écoule de la cavité interne, aucune trace de jus rose ; la peau se rétracte à l'os de la cuisse ; articulation flexible ; thermomètre introduit entre la cuisse et le filet indiquant 83 °C ; parfum généreux.
Nota : pattes cuites à point, plus fermes que les magrets.

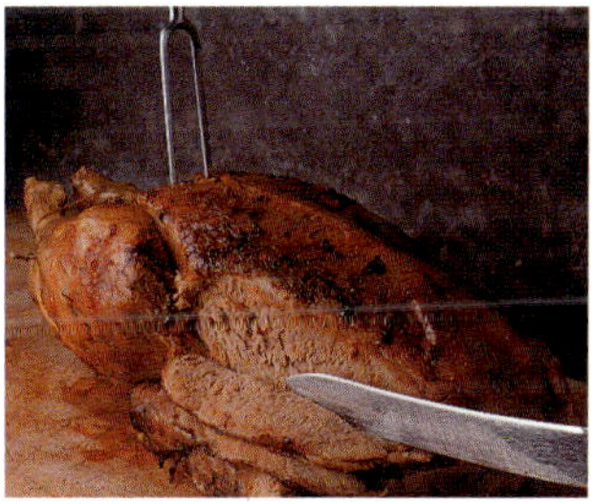

Cuisson excessive

Chair des filets sèche et filandreuse quand on découpe ; chair qui se rétracte sur les cuisses et les filets ; peau sèche, sans brillance, roussie ; cuisses qui se détachent facilement de la carcasse.
Pourquoi : cuisson trop longue ; cuisson trop rapide ; manque d'arrosage en cas de cuisson au four.
Que faire : arrosez le canard avec son jus, de la sauce à l'orange ou de la sauce brune ; accompagnez de purée de céleri, de riz au safran, d'ail et d'échalotes rôtis ou d'une fricassée de champignons sauvages et de noisettes.

PROBLÈMES ET SOLUTIONS

Cuisson insuffisante
Pourquoi : temps de cuisson trop court ; température de cuisson trop basse.
Que faire : poursuivez la cuisson, augmentez la température si nécessaire.

Viande dure
Pourquoi : volaille trop âgée ou mauvaises manipulations ; cuisson insuffisante.
Que faire : en cas de braisage ou de cuisson en cocotte, vérifiez la quantité de liquide et poursuivez la cuisson ; en cas de cuisson au four, finissez en cocotte avec un liquide de cuisson, à couvert.

Viande trop grasse
Pourquoi : volaille excessivement grasse ; farce trop humide qui empêche la graisse de fondre ; cuisson insuffisante ; en cas de braisage ou de cuisson en cocotte, trop de liquide.
Que faire : en cocotte, découvrez et mettez à feu vif pendant 10 à 15 minutes, en arrosant souvent ; servez avec une sauce brune, à l'orange ou au poivre ou brune (voir les sauces) et accompagnez de chou rouge au vinaigre, de navets ou de riz sauvage pilaf.

MAGRETS ET FILETS DE CANARD

SI VOUS CONSIDÉREZ LES FILETS ET LES BLANCS COMME DES STEAKS UN PEU PLUS RAFFINÉS, VOUS N'ÊTES PAS LOIN DE LA RÉALITÉ. ILS ALLIENT LES AVANTAGES D'UNE VIANDE RICHE, JUTEUSE, ET LES SAVEURS VIGOUREUSES QUI PERMETTENT DES GARNITURES INTÉRESSANTES.

Cuisson rosée parfaite

Chair rosée et juteuse lorsqu'on la pique avec la pointe d'un couteau ; peau dorée et croustillante ; chair souple sous la pression du doigt ; parfums corsés.

Cuisson à point parfaite

Chair cuite, mais tendre et juteuse sous la pointe d'un couteau ; peau croustillante et ambrée ; graisse abondamment fondue (pour le canard) ; chair ferme sous la pression du pouce ; parfums corsés.

PROBLÈMES ET SOLUTIONS

Cuisson insuffisante

Pourquoi : temps de cuisson trop court ; température trop basse.

Que faire : poursuivez la cuisson ; augmentez la température si nécessaire.

Cuisson excessive, viande sèche

Pourquoi : oiseau trop âgé ; cuisson trop rapide ; cuisson trop longue ; en cas de cuisson au four, manque d'arrosage.

Que faire : servez dans un jus lié, dans une sauce brune ou avec un beurre blanc (voir les sauces, p. 77), présentez avec des airelles, du poivre vert, des groseilles ou du cassis.

Viande dure

Pourquoi : excès de cuisson ; oiseau médiocre ou trop âgé, surtout s'il s'agit de gibier.

Que faire : coupez en tranches très fines en travers des fibres.

Viande grasse

Pourquoi : cuisson insuffisante ; cuisson lente empêchant les graisses de se dissoudre ; oiseau gras (surtout pour le canard domestique) ; température trop basse.

Que faire : enlevez la peau avant de servir ; si la viande est très molle, saisissez-la vivement dans une poêle, des deux côtés, pendant 1 à 2 min.

RATTRAPAGE EXPRESS

Lorsque les filets sont secs, durs ou trop cuits, servez avec des pommes qui apporteront jus et parfum. Égouttez les filets, réservez le jus. Tranchez finement la viande en biais, disposez sur des assiettes et gardez au chaud. Épluchez, videz et coupez en lamelles 3 pommes acidulées. Faites fondre 30 g de beurre dans une poêle, ajoutez les pommes et saupoudrez de 1 cuill. à soupe de sucre. Retournez les tranches et faites dorer et caraméliser de chaque côté. Ajoutez 2 à 3 cuill. à soupe de calvados ou de cognac et flambez. Versez le jus réservé, et déposez les pommes sur la viande.
Proportions pour 4 personnes.

VOLAILLES SAUTÉES À LA CHINOISE

Cuisson parfaite

Volaille légèrement colorée ; chair juteuse ; couleurs et textures contrastées (certains légumes croquants, certains tendres) ; parfums agréables.

RATTRAPAGE EXPRESS

Personne ne remarquera que votre plat est raté si vous le servez sur un nid de nouilles frites. Chauffez environ 25 cl d'huile dans un wok (une nouille plongée dans l'huile doit grésiller). Cassez une poignée de vermicelles chinois en bâtonnets de 13 cm de long et plongez-les dans l'huile chaude avec une écumoire. Enlevez rapidement l'écumoire et appuyez sur les nouilles pour les immerger. Faites frire pendant 30 à 60 s, jusqu'à ce qu'elles soient croustillantes. Sortez-les et égouttez-les sur du papier absorbant. Faites frire un nid par personne.

PROBLÈMES ET SOLUTIONS

Cuisson insuffisante

Pourquoi : temps de cuisson trop court ; feu trop doux.

Que faire : couvrez le wok et poursuivez la cuisson à feu doux.

Cuisson excessive, chair humide

Pourquoi : cuisson trop lente ; trop d'ingrédients ajoutés simultanément ; temps de cuisson trop long.

Que faire : égouttez, supprimez le liquide excédentaire et ajoutez des légumes croquants : du céleri haché, de la ciboule ou des poivrons.

Goût fade

Pourquoi : manque d'assaisonnement, excès de cuisson.

Que faire : ajoutez de la sauce de soja, du vin de riz, du jus de citron ou de l'huile de sésame.

Manque de couleur

Pourquoi : ingrédients mal choisis ; excès de cuisson.

Que faire : saupoudrez d'ingrédients frais, colorés, comme des ciboules hachées, des tomates ou des fines herbes.

Cuisson peu homogène, certains ingrédients crus, d'autres trop cuits

Pourquoi : mauvais ordre de cuisson ; wok trop plein ; ingrédients mal remués.

Que faire : enlevez les ingrédients trop cuits et poursuivez la cuisson des autres.

FILETS DE POISSON

SANS ARÊTES ET LE PLUS SOUVENT SANS PEAU, LES FILETS DE POISSON PEUVENT ÊTRE ACCOMMODÉS DE MILLE MANIÈRES. PRÉSENTEZ-LES AVEC DES CHAMPIGNONS, DES TOMATES OU DES CREVETTES OU GRILLÉS AVEC DES HERBES, À L'ITALIENNE.

Cuisson légère parfaite

Ferme, la surface du filet est opaque, blonde ou dorée selon le mode de cuisson ; la chair résiste légèrement à la pointe d'un couteau et présente à l'intérieur une couche translucide d'environ 6 mm d'épaisseur, pour la plupart des poissons. Les poissons gras comme le maquereau doivent impérativement être bien cuits.

Cuisson à point parfaite

Très ferme, la surface du filet est opaque ou bien colorée selon la méthode de cuisson ; la chair se détache facilement et l'intérieur n'est pas translucide. Lorsque vous le soulevez, il reste ferme et entier.

PROBLÈMES ET SOLUTIONS

Cuisson insuffisante

Pourquoi : température trop douce ; temps de cuisson trop court.

Que faire : poursuivez la cuisson ; augmentez la température s'il le faut.

Poisson sec et trop cuit

Pourquoi : cuisson trop forte ; cuisson trop longue.

Que faire : arrosez avec du beurre fondu, ajoutez une vinaigrette, ou bien de l'huile d'olive ou de noix. S'il est vraiment trop cuit, effeuillez-le pour en faire un soufflé ou des croquettes.

Poisson mou ou filandreux

Pourquoi : trop cuit ; mode de cuisson inadapté à la variété de poisson.

Que faire : parsemez d'échalotes ou de céleri émincés ; servez avec une sauce veloutée ou un beurre blanc.

Poisson fade

Pourquoi : assaisonnement insuffisant, surtout en cas de poisson grillé, poché ou cuit à la vapeur ; mauvaises manipulations ou poisson avarié ; méthode de cuisson inadaptée à la variété de poisson.

Que faire : saupoudrez de sel, de poivre, arrosez de jus de citron, de vin blanc, de sauce de soja, d'huile d'olive ou d'une autre huile parfumée. Dans tous les cas, assaisonnez et garnissez à volonté.

DARNES DE POISSON

BIEN QU'ELLES SOIENT MOINS APPRÉCIÉES À CAUSE DES ARÊTES, SOUVENEZ-VOUS QUE CE SONT LES ARÊTES QUI TIENNENT LA DARNE ET QU'ELLES DONNENT DE LA CONSISTANCE ET DE LA SAVEUR AUX POISSONS MOUS COMME LE COLIN.

Cuisson légère parfaite

Le centre de la darne résiste à la pointe d'un couteau, et l'intérieur est translucide ; la surface est opaque ou blonde selon le mode de cuisson. Lorsqu'on appuie sur le bord, la chair offre une légère résistance, le milieu est tendre et adhère à l'arête centrale.

Nota : les poissons comme le thon ou l'espadon sont toujours un peu saignants au centre. Pour la plupart des poissons, la partie translucide a environ 1 cm d'épaisseur, mais les poissons gras doivent toujours être bien cuits.

Cuisson à point parfaite

Lorsqu'on détache le poisson à la pointe du couteau, il ne présente aucune partie translucide. La surface de la darne est opaque, voire dorée, selon le mode de cuisson. Sous la pression du doigt, le bord et le centre de la darne sont fermes. L'arête centrale se détache facilement à la pointe du couteau.

Cuisson excessive

Le poisson est mou ou filandreux, il tombe en morceaux. La chair est sèche et ratatinée ; les bords de la darne sont fendus et la chair se recroqueville autour de l'arête centrale. Lorsque le poisson est sauté ou poêlé, la surface en est brûlée.

Pourquoi : cuisson trop rapide, cuisson trop longue.

Que faire : servez avec une sauce veloutée ou un beurre blanc ; si le poisson est vraiment trop cuit, utilisez-le pour un soufflé ou des croquettes.

PROBLÈMES ET SOLUTIONS

Cuisson insuffisante

Pourquoi : température de cuisson trop faible, temps de cuisson trop court.

Que faire : poursuivez la cuisson, en augmentant la température si nécessaire.

Poisson sec

Pourquoi : cuisson trop rapide, cuisson trop longue.

Que faire : arrosez de beurre fondu ou de vinaigrette.

Poisson mou ou filandreux

Pourquoi : cuisson excessive, mode de cuisson inadapté à l'espèce de poisson.

Nota : la texture de la chair varie beaucoup suivant l'espèce de poisson.

Que faire : parsemez avec une garniture d'échalotes ou de céleri émincés, ou d'amandes grillées.

Poisson fade

Pourquoi : assaisonnement insuffisant ou poisson avarié ; mode de cuisson inadapté à la variété de poisson.

Que faire : ajoutez sel, poivre, jus de citron, blanc, sauce soja ou autres : huile parfumée, ail ou piment, au choix.

POISSON ENTIER

Cuisson insuffisante

La pointe d'un couteau piquée dans la partie épaisse du poisson (ici une truite saumonée) rencontre une certaine résistance et découvre une couche translucide adhérant à l'arête centrale. Sur les grands poissons, les yeux restent translucides. Lorsque le poisson est rôti, cuit au barbecue, grillé ou poêlé, la peau est toujours molle et manque de croustillant.

Pourquoi : température de cuisson trop faible ; temps de cuisson trop court.

Que faire : poursuivez la cuisson en augmentant la température si nécessaire.

Cuisson parfaite

Lorsqu'on pique la pointe d'un couteau dans la partie épaisse du poisson (ici une truite saumonée), la chair se détache facilement de l'arête et n'est plus translucide. Les yeux du poisson sont opaques. Lorsque le poisson est rôti, cuit au barbecue, grillé ou poêlé, il présente une belle couleur dorée et la peau est légèrement croustillante.

Nota : les grands poissons continuant à cuire par leur propre chaleur, arrêtez la cuisson un peu plus tôt. Nous ne recommandons pas les cuissons justes (voir les darnes, p. 27) car les poissons entiers deviennent difficiles à découper.

Cuisson excessive

Les yeux s'enfoncent, et, lorsque le poisson est cuit au four, au barbecue, au gril ou à la poêle, la peau est desséchée, souvent flétrie ; la chair est sèche et filandreuse, et elle se défait de l'arête centrale. Lorsque le poisson est braisé, poché ou cuit à la vapeur, la peau se fend, la chair s'écarte et se détache des arêtes.

Pourquoi : cuisson trop longue ou trop rapide à l'extérieur, avant que la chaleur ait eu le temps de pénétrer.

Que faire : servez avec une sauce à la crème, un beurre blanc ou une vinaigrette (voir les sauces, p. 79).

Pour ajouter de la couleur, accompagnez votre poisson trop cuit de légumes verts à la vapeur comme les asperges et les brocolis ou de demi-courgettes farcies. Entourez un poisson froid de tomates découpées en forme de paniers et garnies, ou bien, que le poisson soit chaud ou froid, de bouquets de feuilles de laitue ou de cresson, et décorez de rondelles de citron.

PROBLÈMES ET SOLUTIONS

Texture molle, sèche ou filandreuse

Pourquoi : mode de cuisson inadapté au poisson.

Nota : la chair des poissons varie énormément d'une espèce à l'autre.

Que faire : parsemez de lamelles de céleri croquantes, de poivron ou d'oignons rouges ; arrosez avec une huile d'olive ou de noix parfumée, ou une vinaigrette.

Manque de goût

Pourquoi : assaisonnement insuffisant, surtout en cas de poisson poché ou cuit à la vapeur, poisson mal préparé ou avarié, mode de cuisson inadapté à la variété.

Que faire : vérifiez l'assaisonnement du liquide de cuisson. Après la cuisson, saupoudrez de sel, de poivre, arrosez de jus de citron, de vin blanc, de sauce de soja ou tout autre assaisonnement, ou arrosez avec une huile parfumée.

CREVETTES, LANGOUSTINES ET ÉCREVISSES

LES CREVETTES ET LES LANGOUSTINES SONT LES CRUSTACÉS LES PLUS CONNUS, MAIS AUSSI LES PLUS MALTRAITÉS PAR DES CUISSONS EXCESSIVES ET DES PRÉPARATIONS MÉDIOCRES. ACHETEZ-LES TOUJOURS CRUES, DANS LEUR CARAPACE.

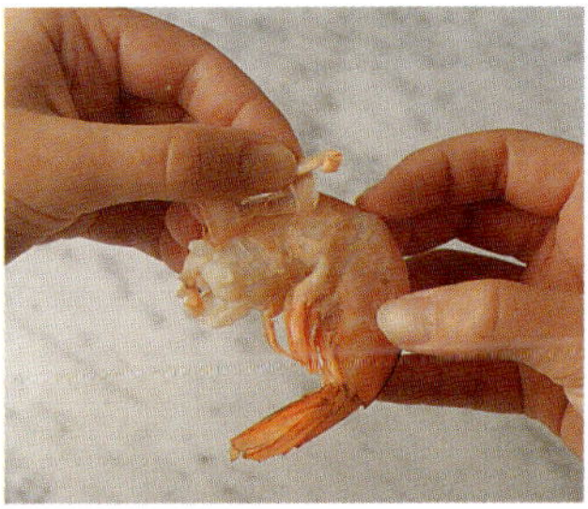

Cuisson insuffisante

Les carapaces ont toujours des traces de bleu ou de gris, selon l'espèce, et sont fermes. La chair est toujours translucide et colle à la carapace.

Pourquoi : cuisson trop lente, temps de cuisson trop court.

Que faire : poursuivez la cuisson, en augmentant la température si nécessaire.

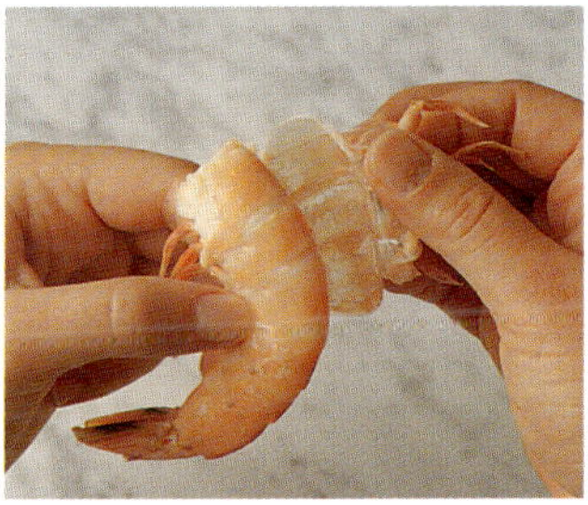

Cuisson parfaite

Les carapaces sont rose vif (sans trace de bleu ou de gris, selon l'espèce) et fermes. La chair se détache facilement ; elle est blanche, veinée de rose, charnue et savoureuse. Lorsque les crustacés sont décortiqués, la chair est juteuse, blanche et nacrée, à peine veinée de rose, selon l'espèce. Le goût est doux et légèrement épicé.

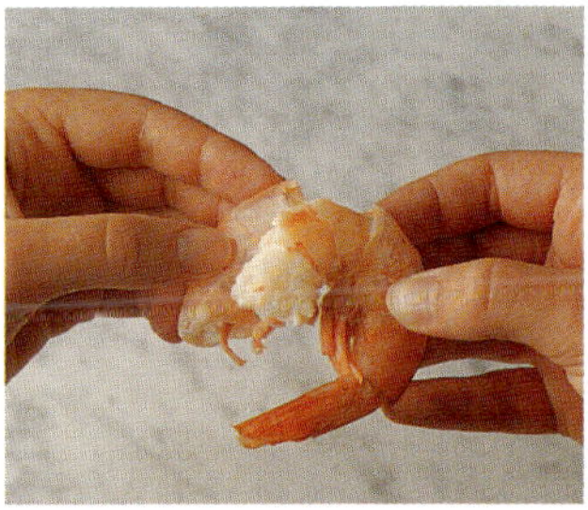

Cuisson excessive

Les carapaces sont sèches, perdent leur couleur et cassent facilement. La queue est très enroulée, la chair est recroquevillée, filandreuse pour les langoustines, pâteuse pour les petites crevettes, et toute odeur iodée a disparu.

Pourquoi : cuisson trop longue ou trop rapide.

Nota : les crevettes et langoustines décortiquées sont fragiles et se dessèchent facilement à la chaleur.

Que faire : servez avec une sauce au fromage, une sauce à la tomate ou un beurre blanc (voir les sauces, p. 77).

PROBLÈMES ET SOLUTIONS

Goût fade

Pourquoi : mauvaises manipulations ou crustacés avariés, manque d'assaisonnement, surtout en cas de cuisson au court-bouillon, excès de cuisson.

Nota : tout goût de chlore provient d'un excès de conservateurs à la soude.

Que faire : arrosez avec un assaisonnement : des échalotes, de l'ail, du thym, du jus de citron ou de citron vert.

Chair filandreuse ou molle

Pourquoi : mauvaises manipulations ; crustacé avarié, congelé alors qu'il n'était plus frais, ou trop cuit.

Que faire : saupoudrez d'amandes effilées.

Crustacés baignant dans leur jus

Pourquoi : crustacés mal réfrigérés ou mal conservés ; cuits en trop grosse quantité à la fois.

Que faire : jetez l'excès de liquide, et finissez la cuisson par petites quantités, à feu vif pour faire blondir.

PALOURDES, MOULES ET HUÎTRES OUVERTES

Cuisson parfaite

Chair charnue, juteuse, juste chaude, bords ondulés ; odeur iodée ; le nappage ou la sauce sont légèrement dorés.

Cuisson excessive

Chair sèche et recroquevillée, ni saveur ni arôme ; sauce et nappage desséchés ou dissociés.
Pourquoi : cuisson trop longue ou trop rapide.
Nota : la coquille garde la chaleur et poursuit la cuisson ; si elle se renverse, le jus s'écoule.
Que faire : mettez les mollusques dans une demi-coquille, ajoutez un filet de beurre fondu, d'huile ou de vinaigrette et parsemez de tomates hachées, d'herbes, de lardons, ou bien, pour faire un contraste avec une sauce blanche, ajoutez 1 cuill. de caviar. Assaisonnez les mollusques en bocal avec une huile pimentée au chili ou à l'estragon, ou encore avec une vinaigrette liée à l'échalote. En cas de cuisson vraiment excessive, hachez la chair et utilisez-la pour une sauce ou une sauce tomate qui accompagnera des pâtes (voir les sauces, pp. 80-81).

PROBLÈMES ET SOLUTIONS

Coquillages sableux

Pourquoi : coquillages ramassés dans un endroit sableux ou après une tempête.
Que faire : enlevez le coquillage, rincez la chair et la coquille, remettez en place (le coquillage perd un peu de sa saveur).

Coquillages trop salés

Pourquoi : préparation trop salée, problème fréquent avec la poitrine fumée ; excès de cuisson.
Que faire : évitez de saler les autres garnitures.

RATTRAPAGE EXPRESS

Hachez les coquillages trop cuits et faites des pannequets : pour 175 g de chair hachée, mélangez dans un bol 125 g de farine, 1 cuill. à café bombée de levure en poudre, 1/2 cuill. à café de sel, 1/2 cuill. à café de sucre et 1/4 de cuill. à café de poivre noir moulu. Filtrez le liquide des coquillages, faites un puits dans la farine, ajoutez 5 cuill. à soupe du liquide des coquillages, 15 cl de lait, 2 cuill. à café de beurre fondu et 1 œuf. Mélangez et battez au fouet pour former une pâte homogène. Ajoutez les palourdes ou moules hachées avec 1 cuill. à soupe de thym haché. Chauffez 1 à 2 cuill. à soupe de beurre dans une poêle, jusqu'à ce qu'il mousse, et, avec une louche, déposez des petits tas de pâte pour former des pannequets de 10 cm de diamètre. Faites cuire vivement jusqu'à ce qu'ils soient fermes et dorés, pendant 2 à 3 minutes, puis retournez-les. Ajoutez du beurre à chaque fois si nécessaire. Servez avec de la crème.
Faites 10 à 12 pannequets pour 4 à 6 personnes.

PALOURDES ET MOULES

Cuisson insuffisante

Quelques coquilles sont ouvertes, mais la plupart sont toujours fermées.
Pourquoi : chaleur insuffisante, cuisson trop courte, casserole découverte et chaleur inégale.
Que faire : remuez pour répartir la chaleur et couvrez.

Cuisson parfaite

Les coquillages sont ouverts, la chair est juteuse et dodue ; ils dégagent une odeur iodée et légèrement piquante.
Nota : si quelques coquillages sont restés fermés, jetez-les.

PROBLÈMES ET SOLUTIONS

Coquillages sableux
Pourquoi : coquillages ramassés dans un endroit sableux.
Que faire : filtrez le jus au chinois tapissé d'une gaze. Si la chair crisse sous les dents, il n'y a rien à faire.

Coquillages trop salés
Pourquoi : trop de sel ou excès de cuisson.
Que faire : contrebalancez le sel avec des ingrédients doux comme de la crème, des tomates ou des pommes de terre.

Cuisson excessive et chair dure
La chair est recroquevillée et tout le jus est au fond de la casserole.
Pourquoi : cuisson trop longue ; coquillages insuffisamment remués pendant la cuisson.
Que faire : voir « Rattrapage express ».

RATTRAPAGE EXPRESS

Les palourdes et les moules trop cuites sont dures. La meilleure solution est de hacher la chair, puis de l'ajouter à des pâtes. Pour 1 tasse de chair hachée, cuisez 250 g de pâtes. Filtrez le liquide des coquillages, ajoutez suffisamment d'eau pour obtenir 25 cl. Chauffez 2 cuill. à soupe d'huile d'olive dans une poêle, ajoutez 2 gousses d'ail hachées et faites sauter pendant 30 secondes Ajoutez le liquide, 10 cl de crème épaisse, de la noix muscade et du poivre. Faites frémir à chaleur vive et épaissir jusqu'à ce que la sauce nappe le dos d'une cuillère. Ajoutez les coquillages, 30 g de persil haché et 30 g d'olives noires dénoyautées hachées. Mélangez aux pâtes. Proportions pour 2 personnes.

COQUILLES SAINT-JACQUES

Cuisson légère parfaite

La chair est gonflée et blanche ou délicatement dorée, selon le mode de cuisson. La chair est souple lorsqu'on appuie dessus ; l'odeur est délicate et pleine d'arômes.

Cuisson à point parfaite

La chair est gonflée et blanche ou légèrement dorée, selon le mode de cuisson ; la chair résiste à la pression ; l'odeur est délicate et pleine d'arômes.

LE TEST DU POUCE

Une façon simple de tester le degré de cuisson d'un poisson, d'une viande ou d'une volaille est de comparer sa résistance à celle de la base de votre pouce.

Pour le poisson à peine cuit et la viande bleue. Avec votre pouce, touchez le bout de l'index et appuyez sur la base du pouce avec un doigt de l'autre main : il ne rencontre aucune résistance.

Pour la viande saignante. Avec votre pouce, touchez le bout du majeur et appuyez sur la base du pouce : vous rencontrez une légère résistance.

Pour le poisson bien cuit, la viande à point, le gibier et le canard. Avec votre pouce, touchez le bout de l'annulaire et appuyez sur la base du pouce : vous rencontrez une résistance certaine.

Pour la viande bien cuite et la volaille. Avec votre pouce, touchez le bout de l'auriculaire et appuyez sur la base du pouce : elle est très ferme.

PROBLÈMES ET SOLUTIONS

Chair dure, trop cuite

Pourquoi : cuisson trop longue ou trop rapide.

Que faire : arrosez avec une huile parfumée (olive, noix), du beurre fondu, une vinaigrette, ou bien servez avec une sauce hollandaise ou un beurre blanc (voir les sauces, pp. 76 et 77).

Chair fade

Pourquoi : coquilles avariées ou mal conservées, liquide de conservation trop riche en phosphates, manque d'assaisonnement ; excès de cuisson.

Que faire : servez avec une sauce veloutée ou un beurre blanc (voir les sauces, p. 72 et 75) relevé de safran, de gingembre frais, de tomates ou d'herbes comme le basilic ou l'aneth.

Coquilles gorgées d'eau, difficiles à dorer

Pourquoi : coquilles mal égouttées, mal conservées, mises en trop grande quantité dans la matière grasse ; chaleur insuffisante.

Que faire : après la cuisson, jetez l'excès de liquide et finissez de cuire par petites quantités à forte température pour faire prendre couleur.

POISSONS ET FRUITS DE MER AU WOK

Cuisson insuffisante

Poissons et fruits de mer translucides ; ingrédients crus, le mélange des goûts et des arômes ne se fait pas.
Pourquoi : wok trop plein ; température trop basse, temps de cuisson trop court.
Que faire : augmentez la chaleur et poursuivez la cuisson ; si les ingrédients sont déjà dorés, couvrez le wok, baissez la chaleur et faites cuire doucement.

Cuisson parfaite

Poissons et fruits de mer opaques et à peine fermes ; intérieur légèrement translucide et juste cuit ou à point, selon votre goût ; les autres ingrédients sont cuits à point et croquants, leurs couleurs sont agréables et dégagent un délicieux parfum.

PROBLÈMES ET SOLUTIONS

Cuisson excessive
Poisson mou, fruits de mer durs.
Pourquoi : cuisson trop lente, trop d'ingrédients dans la poêle ; temps de cuisson trop long.
Que faire : enlevez l'excédent de liquide et ajoutez des radis ou du poivron hachés.

Manque de goût
Pourquoi : manque d'assaisonnement.
Que faire : ajoutez de la sauce de soja, du jus de citron ou de citron vert, du tabasco, de la ciboule ou de la citronnelle hachées.

Manque de couleurs
Pourquoi : ingrédients mal choisis ; excès de cuisson.
Que faire : parsemez de poivron haché, de tomate ou d'herbes comme la coriandre.

Cuisson irrégulière
Certains ingrédients sont presque crus, d'autres trop cuits.
Pourquoi : l'ordre de cuisson n'a pas été respecté et certains ingrédients ont cuit avant les autres.
Que faire : si possible, enlevez les ingrédients cuits et poursuivez la cuisson des autres.

RATTRAPAGE EXPRESS

Si votre préparation est trop cuite ou manque de goût, ajoutez des légumes croustillants. Égouttez les aliments dans une passoire. Mettez-les dans un récipient et gardez au chaud. Coupez du potiron ou 1 ou 2 courgettes en tranches extra-fines. Nettoyez et séchez le wok, versez de 2,5 à 5 cm d'huile, chauffez-la bien et jetez-y les tranches de légumes une à une pour qu'elles ne collent pas. Ne remplissez pas trop la poêle. Faites frire pendant 2 à 3 minutes en remuant sans arrêt jusqu'à ce que les légumes soient dorés. Enlevez avec une écumoire et égouttez sur du papier absorbant. Saupoudrez de sel et disposez-les sur la préparation de poisson.

ŒUFS À LA COQUE, MOLLETS ET DURS

OUTRE LES ŒUFS À LA COQUE ACCOMPAGNÉS D'ARMÉES DE MOUILLETTES, IL EXISTE UNE MULTITUDE D'AUTRES RECETTES : ŒUFS FARCIS À LA DIABLE, ŒUFS DURS MAYONNAISE, ŒUFS ENTOURÉS DE CHAIR À SAUCISSE ET FRITS, ŒUFS DURS SAUCE À L'ESTRAGON...

Œuf à la coque parfait
Jaune souple et fluide, blanc plus ou moins coagulé selon votre goût.

Œuf mollet parfait en haut
Jaune moelleux mais onctueux couleur jaune vif ; blanc coagulé ; on peut écaler, mais avec soin. Souvent servi en sauce ou en aspic comme un œuf poché.

Œuf dur parfait au centre
Jaune et blanc complètement coagulés ; jaune plus pâle ; facile à écaler. On peut couper en tranches, farcir, servir chaud en sauce et froid en mayonnaise.

Cuisson excessive en bas
Jaune très pâle entouré d'un cercle verdâtre ; blanc dur et léger goût de soufre.
Pourquoi : temps de cuisson trop long ; œuf très petit.
Que faire : si c'est vraiment trop cuit, coupez les blancs en morceaux et passez les jaunes au tamis pour faire des œufs mimosa.

PROBLÈMES ET SOLUTIONS

Cuisson insuffisante
Pourquoi : temps de cuisson trop court ; œufs très gros ; œufs très frais.
Que faire : si un seul œuf est écalé, prolongez la cuisson des autres.

Goût de soufre
Pourquoi : cuisson excessive ; œufs pas assez frais.
Que faire : masquez avec une sauce forte : aux anchois ou olives.

Coquilles fendues en cours de cuisson
Pourquoi : œufs sortant du réfrigérateur, démarrés à l'eau chaude ; coquille fines ou fêlées.
Que faire : écalez, puis enlevez les parties humides.

Œufs durs difficiles à écaler
Pourquoi : œufs très frais, membrane qui adhère au blanc.
Que faire : écalez les œufs sous l'eau froide.

RATTRAPAGE EXPRESS

La salade d'œufs est une bonne façon de sauver des œufs mollets ou durs trop cuits, des œufs qui ont éclaté dans l'eau ou qui sont difficiles à écaler. Hachez les œufs grossièrement et ajoutez 12 cl de mayonnaise pour 6 œufs, puis 30 g de fines herbes hachées et 2 échalotes finement hachées. Vérifiez l'assaisonnement. Servez sur des toasts avec des feuilles de laitue croquante.

ŒUFS POCHÉS

LES ŒUFS POCHÉS SONT DIFFICILES À RÉUSSIR, MAIS OFFRENT ÉNORMÉMENT DE POSSIBILITÉS. ILS MÉTAMORPHOSENT UN BOL DE SOUPE, AVEC DES LARDONS, DES CHAMPIGNONS ET UNE SAUCE AU VIN ROUGE LÉGÈRE, ILS DEVIENNENT DES ŒUFS EN MEURETTE...

Cuisson parfaite

Jaune souple quand on appuie avec le doigt ; blanc légèrement coagulé qui adhère au jaune ; membrane entourant le jaune opaque et jaune fluide à l'intérieur.

Présence de filaments blancs

Blanc n'adhérant plus au jaune et ayant tendance à se séparer.
Pourquoi : œuf manquant de fraîcheur ; eau de pochage ne formant pas suffisamment de bulles.
Que faire : enlevez les filaments et, si possible, enveloppez le jaune dans le blanc. Dissimulez les imperfections par une sauce blanche veloutée ou une hollandaise (œufs chauds), nappez d'une mayonnaise ou d'une concassée (œufs froids) (voir les sauces).

PROBLÈMES ET SOLUTIONS

Trop mou

Blanc mou lorsqu'on appuie, aspect translucide ; membrane du jaune manque d'opacité.
Pourquoi : œufs très frais ; temps de cuisson trop court.
Que faire : remettez dans l'eau et prolongez le pochage.

Blanc dur, jaune ferme

Pourquoi : cuisson excessive (fréquent lorsqu'on réchauffe les œufs pochés dans une sauce).
Que faire : servez avec beaucoup de sauce.
Nota : bien que trop cuit, l'œuf est bon...

RATTRAPAGE EXPRESS

Si vos œufs pochés sont trop cuits ou ont trop de filaments : pour chaque œuf, blanchissez une grande feuille de laitue dans de l'eau bouillante salée pendant 20 à 30 secondes Rafraîchissez sous l'eau froide et séchez avec du papier absorbant. Enveloppez chaque œuf dans une feuille. Servez nature ou avec la sauce prévue.

ŒUFS SUR LE PLAT

LA CUISSON DES ŒUFS SUR LE PLAT FAIT NETTEMENT RESSORTIR LE GOÛT DE LA MATIÈRE GRASSE UTILISÉE, QU'IL S'AGISSE DE BEURRE, D'HUILE D'OLIVE OU DE SAINDOUX. COMPTEZ 1 CUILL. À SOUPE PAR ŒUF, AINSI VOUS POURREZ LES ARROSER POUR LES CUIRE EN SURFACE.

Cuisson parfaite

Membrane couvrant le jaune légèrement opaque, jaune moelleux ; blanc bien cuit, doré en dessous et formant un bel arrondi autour du jaune.

RATTRAPAGE EXPRESS

Découpez les œufs mal ou trop cuits avec un emporte-pièce rond pour éliminer les bords carbonisés ou peu esthétiques.

PROBLÈMES ET SOLUTIONS

Jaune liquide, blanc mou

Pourquoi : cuisson insuffisante ; cuisson trop lente ; trop de matière grasse (il faut 1 cuill. à soupe par œuf) ; trop d'œufs dans la poêle.

Que faire : enlevez une partie de la matière grasse ; augmentez le feu pour cuire et faire blondir les blancs.

Cuisson excessive, bords carbonisés

Pourquoi : poêle trop légère et chaleur mal répartie ; matière grasse trop chaude ; cuisson trop longue.

Que faire : voir « Rattrapage express ».

Blanc qui se sépare du jaune et remplit la poêle

Pourquoi : œuf mal déposé dans la poêle ; œuf avarié.

Que faire : cassez l'œuf dans une tasse avant de le glisser dans la poêle ; s'il est avarié, jetez-le.

OMELETTE

DANS UNE OMELETTE ROULÉE, ON PEUT NICHER TOUTES SORTES D'INGRÉDIENTS SAVOUREUX : HERBES, JAMBON, TOMATES, CHAMPIGNONS… PAR EXEMPLE, LA TORTILLA DE HUEVOS MEXICAINE CONTIENT DES TOMATES, DE L'AVOCAT, DES OIGNONS ET DU PIMENT.

Manque de couleur et de cuisson

Surface pâle et manque de goût de grillé. *Pourquoi : trop d'œufs dans la poêle ; matière grasse trop faiblement chauffée ; cuisson trop lente ou trop courte.* *Que faire : si les œufs sont mous, augmentez le feu et faites dorer rapidement ; s'ils sont saisis, il n'y a rien à faire.*

Cuisson baveuse parfaite

Surface dorée et moelleuse, centre légèrement baveux lorsqu'on replie l'omelette.

Cuisson à point parfaite

Surface uniformément dorée sans trace de brûlure ; œufs bien cuits, texture ferme mais légère.

PROBLÈMES ET SOLUTIONS

Omelette brûlée sèche

Pourquoi : beurre trop chaud ; cuisson trop rapide ; poêle trop légère ; poêle trop grande ; temps de cuisson trop long
Que faire : voir « Rattrapage express ».

Manque de goût

Pourquoi : manque d'assaisonnement ; œufs avariés.
Que faire : salez et poivrez avant de replier ; ajoutez du fromage râpé, des lardons revenus, des oignons frits, de la ratatouille. Si les œufs sont avariés, jetez-les.

Omelette qui attache

Pourquoi : poêle lavée à l'eau au lieu d'avoir été simplement essuyée ; beurre trop faiblement chauffé.
Que faire : décollez l'omelette avec une spatule métallique et mettez sur un plat à l'envers, ajoutez les morceaux qui restent dans la poêle et saupoudrez de persil haché ou de fromage râpé.

RATTRAPAGE EXPRESS

Si votre omelette est trop cuite ou attache à la poêle, ne la repliez pas, nappez de 2 à 3 cuill. de crème fraîche et saupoudrez de fromage râpé. Faites gratiner sous le gril pendant 1 à 2 minutes Pour servir, coupez en parts comme une galette.

TORTILLA

LES OMELETTES PLATES LES PLUS CLASSIQUES SONT : LA TORTILLA ESPAGNOLE, AU PIMENT, POMMES DE TERRE ET CHORIZO ; LA BONDOMELETT SUÉDOISE, AUX OIGNONS, JAMBON ET POMMES DE TERRE ET L'OMELETTE ALLA ROMANA, AUX HARICOTS, OIGNONS ET HERBES.

Cuisson parfaite

Aspect ferme, brillant sur le dessus et doré en dessous avant qu'on retourne l'omelette ; uniformément dorée des deux côtés quand elle est cuite ; garniture généreuse à laquelle l'œuf sert de liaison ; goûts intéressants, quelquefois plutôt croquants, quelquefois plutôt tendres.

Nota : si l'omelette manque de fermeté et que vous ne pouviez pas la retourner, faites-la dorer sous le gril.

RATTRAPAGE EXPRESS

Si votre omelette est trop cuite, tombe en morceaux ou a l'air peu appétissante, utilisez-la pour farcir un sandwich ou un pita.

PROBLÈMES ET SOLUTIONS

Manque de couleur ou de tenue

Pourquoi : temps de cuisson trop court ; garniture, surtout en cas de légumes, trop humide.

Que faire : prolongez la cuisson à feu vif jusqu'à ce que l'omelette soit ferme et dorée.

Omelette molle et peu appétissante

Pourquoi : ingrédients manquant de corps et de vigueur.

Que faire : faites bien dorer l'omelette des deux côtés ; saupoudrez d'éléments colorés : ciboules, céleri ou poivron hachés.

Omelette brûlée, sèche

Pourquoi : beurre trop chaud ; cuisson trop rapide ; temps de cuisson trop long.

Que faire : arrosez l'omelette chaude de vinaigrette à base d'huile d'olive.

Manque de goût

Pourquoi : manque d'assaisonnement des œufs ou de la garniture.

Que faire : salez, poivrez, arrosez de tabasco, sauce de soja, jus de citron ou huile de sésame.

ŒUFS BROUILLÉS

LES MEILLEURS ŒUFS BROUILLÉS SONT MOELLEUX, CRÉMEUX ET PLUS OU MOINS FERMES SELON LES GOÛTS. UNE GARNITURE LÉGÈRE SUFFIT : DU SEL, DU POIVRE, QUELQUES HERBES HACHÉES OU DES CHAMPIGNONS SAUTÉS À LA POÊLE.

Œufs parfaitement moelleux

Texture crémeuse où une cuillère laisse une trace nette ; œufs moelleux avec une consistance homogène, mais de légers grumeaux ; couleur selon le jaune : choisissez donc des œufs le plus jaunes possible.

Œufs parfaitement bien cuits

Masse compacte, avec parties plus moelleuses ; pour un goût plus délicat, utilisez des œufs très frais.

Nota : continuez à remuer les œufs lorsque vous les enlevez du feu pour qu'ils ne coagulent pas sur les bords.

Œufs trop fermes et dissociés

Masse formant des grumeaux, rendant de l'eau sur les bords.

Pourquoi : œufs insuffisamment battus avant cuisson et blanc trop visible ; cuisson trop rapide et peu homogène ; cuisson trop longue ; œufs ayant reposé dans la casserole après cuisson et continué à cuire.

Nota : si vous avez ajouté de la crème, du lait ou de l'eau, les œufs se dissocient plus.

Que faire : hors du feu, ajoutez en remuant 1 œuf cru battu jusqu'à ce que la masse redevienne moelleuse.

PROBLÈMES ET SOLUTIONS

Goût fade

Pourquoi : manque d'assaisonnement ; œufs avariés.

Que faire : assaisonnez : salez, poivrez, ajoutez une pincée de cayenne ; donnez du goût avec du parmesan râpé, des olives hachées, des anchois, des herbes, du lard ou du saumon fumé. Si les œufs sont avariés, jetez-les.

Œufs gorgés d'eau

Pourquoi : œufs salés trop tôt (pas plus de 5 minutes avant de les faire cuire) ; excès d'eau, de lait ou de crème ; excès d'ingrédients humides, du type tomates fraîches.

Que faire : servez dans une pâte sèche et croustillante, comme une barquette, une bouchée ou une croûte.

RATTRAPAGE EXPRESS

Pour rattraper des œufs brouillés trop fermes, dissociés ou gorgés d'eau : faites griller une tranche de pain ou de pain de mie par personne. Découpez des cercles de 6 cm de diamètre avec un emporte-pièce et badigeonnez-les de beurre fondu ou d'huile. Avec une cuillère à glace ou deux cuillères à soupe, formez des boules d'œufs brouillés et posez-les sur les toasts. Décorez avec des lamelles de piment, du saumon fumé ou une rondelle de truffe.

ŒUFS EN COCOTTE

IL EXISTE DEUX FAÇONS DE CUIRE LES ŒUFS EN COCOTTE : DANS DES RAMEQUINS OU DANS DES PLATS PEU PROFONDS : DANS CE DERNIER CAS, ILS RESSEMBLENT DAVANTAGE À DES ŒUFS SUR LE PLAT. EN GÉNÉRAL, ILS SONT SIMPLEMENT SALÉS ET POIVRÉS.

Cuisson parfaite

Œufs ayant une jolie surface brillante, jaunes légèrement épaissis, blancs juste pris ; surface opaque.

Cuisson excessive, œufs durs

Jaune ferme, blanc sec et craquelé en surface – plus fréquent lorsque les œufs sont cuits dans des plats plutôt que dans des ramequins.

Pourquoi : cuisson trop rapide ; cuisson trop longue.

Que faire : saupoudrez de paprika, de ciboulette hachée ou de fromage râpé.

PROBLÈMES ET SOLUTIONS

Surface tachée

Pourquoi : œufs saupoudrés d'épices trop colorées, comme du poivre noir ; blanc saupoudré de sel formant des taches.

Que faire : décorez les œufs d'une fine tranche de tomate ou d'un brin d'herbe.

Manque de goût

Pourquoi : manque d'assaisonnement ; œufs avariés.

Que faire : assaisonnez et saupoudrez d'oignons frits, de poivron, de bacon, de champignons ou de croûtons. Si les œufs sont avariés, jetez-les.

RATTRAPAGE EXPRESS

Pour rattraper des œufs trop cuits : nappez-les de 1 cuill. de crème fraîche, de beurre fondu, d'huile de noix et décorez d'une feuille de basilic, de deux brins de ciboulette croisés, ou d'une demi-olive.

SOUFFLÉ

Parfaitement moelleux

Soufflé (ici au fromage) doré et bien haut, sommet légèrement concave ; mélange instable lorsqu'on fait bouger le plat ; texture moelleuse et légère, saveur délicate et parfumée.

Parfaitement bien cuit

Soufflé doré et bien haut, sommet plat ; mélange ferme lorsqu'on bouge le plat ; intérieur ferme et cuit ; texture légère et saveur bien affirmée.

Soufflé trop cuit

Le soufflé tombe et se rétracte ; intérieur peu homogène et sec.

Pourquoi : cuisson trop longue.

Que faire : servez comme une mousse : démoulez, nappez d'une sauce et repassez au four. Pour les soufflés salés, ajoutez de la sauce blanche ou veloutée, ou simplement de la crème chauffée additionnée de curry ou de fromage râpé. Pour les soufflés sucrés, nappez de crème parfumée au café ou de chocolat instantané.

Soufflé déséquilibré

Un côté du soufflé plat, adhérant à la paroi, l'autre côté gonflé prêt à déborder.

Pourquoi : moule mal beurré et mélange collant à la paroi ; chaleur du four irrégulière (porte fermant mal) ; blancs d'œufs insuffisamment battus.

Que faire : en cours de cuisson, tournez le moule ; essayez de décoller le soufflé avec la pointe d'un couteau ; entourez d'une bande d'aluminium ménager et poursuivez la cuisson.

RATTRAPAGE EXPRESS

Il n'y a pas de solution miracle à un soufflé raté, il faut faire face ! Coupez le soufflé en quartiers comme une quiche et servez avec une salade verte. Nappez un soufflé sucré de crème Chantilly ou de crème glacée et servez comme un pudding.

PROBLÈMES ET SOLUTIONS

Soufflé plat et mou quand on le bouge

Pourquoi : cuisson insuffisante.

Que faire : poursuivez la cuisson – un soufflé insuffisamment cuit retiré du four pendant un instant monte à nouveau lorsqu'on le remet au four.

Texture grossière et humide

Pourquoi : blancs d'œufs trop battus et grumeleux avant d'être mélangés ; ingrédients très humides (oignons) ; la cuisson ne s'est pas faite instantanément et les blancs se sont légèrement dissociés.

Que faire : servez les soufflés salés avec une sauce aux légumes ou un coulis ; servez les soufflés sucrés avec une sauce au caramel, au chocolat ou un coulis de fruits.

Soufflé lourd, mal gonflé

Pourquoi : trop peu de blancs (comptez 3 à 4 blancs pour 25 cl de mélange de base) ; mélange trop lourd ou visqueux et s'incorporant difficilement ; mélange trop liquide et tombant au fond ; blancs d'œufs trop remués et retombés ; cuisson excessive.

Que faire : transformez le soufflé en mousse, voir « Soufflé trop cuit ».

ARTICHAUTS

Cuisson parfaite

Couleur uniformément verte ; les feuilles près du cœur se détachent facilement ; cœur tendre quand on pique avec une fourchette ; parfum intense sans trace d'amertume.

Cuisson excessive et couleur fade

Les feuilles tombent ; cœur mou quand on pique avec une fourchette ; couleur grisâtre.

Pourquoi : cuisson trop lente ; cuisson excessive ; l'eau de cuisson n'a pas atteint l'ébullition ; manque d'eau (voir Blanchiment et cuisson à l'eau des légumes verts, p. 49).

Que faire : égouttez les artichauts à l'envers, en les comprimant pour éliminer l'eau. Servez avec une sauce parfumée : pesto, coulis de poivron rouge, vinaigrette à la moutarde et aux herbes. En cas de cuisson vraiment excessive, enlevez les feuilles et le foin, coupez le fond en morceaux et présentez en salade avec du riz, des fèves, des haricots

PROBLÈMES ET SOLUTIONS

Cuisson insuffisante, artichauts durs et filandreux

Pourquoi : cuisson trop lente ; artichauts trop vieux.

Que faire : poursuivez la cuisson, en augmentant le feu si nécessaire. Les jeunes artichauts cuisent en 20 à 30 minutes, mais, lorsqu'ils sont gros et arrivés à maturité, il faut parfois une heure S'ils sont très filandreux, il n'y a rien à faire.

Présence de foin

Pourquoi : légumes mal préparés, mal nettoyés après cuisson.

Que faire : dégagez les feuilles centrales pour former une couronne, creusez le centre et replacez les feuilles en couronne pointe en bas.

Artichaut amer

Pourquoi : trop vieux ; cuisson avec la tige ; eau de cuisson insuffisante.

Que faire : rattrapez avec une vinaigrette citronnée.

RATTRAPAGE EXPRESS

Quand un artichaut est trop cuit et que sa couleur est terne, enlevez les grosses feuilles pulpeuses et disposez-les en cercles concentriques sur les assiettes. Enlevez les feuilles centrales et le foin. Posez le fond au milieu, nappez d'une concassée de tomates à la coriandre ou d'une hollandaise au beurre noisette. Servez le reste de sauce séparément.

ASPERGES

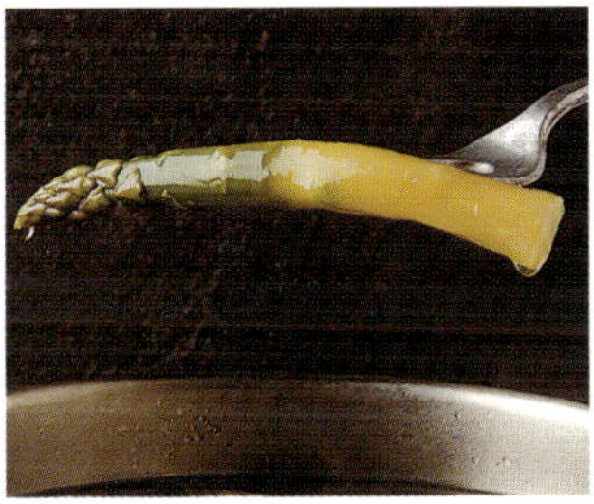

Asperges parfaitement blanchies

Les asperges forment une courbe légère quand on les soulève et sont fermes quand on pique avec un couteau : légèrement croquantes mais pas fibreuses ; couleur bien verte. Tranchez-les en diagonale pour faire sauter, servir en sauce ou en salade.

Cuisson « juste » parfaite

Les asperges forment une courbe quand on les soulève et sont tendres quand on pique ; texture ferme mais pas croquante ; couleur vert clair ; saveur fraîche sans dominantes herbacées.

Nota : les asperges peuvent varier en taille, triez-les et étalonnez leur cuisson.

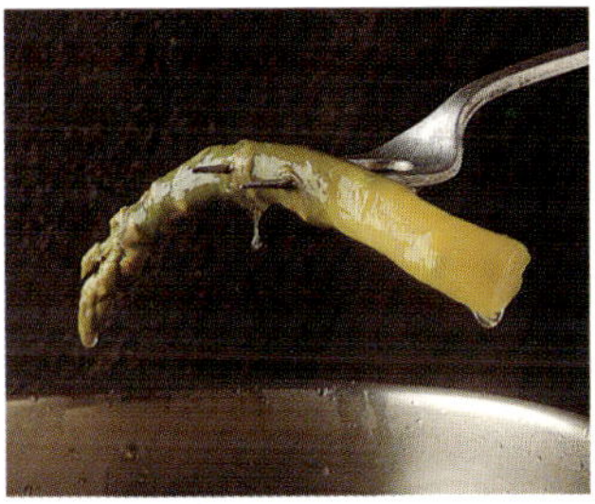

Cuisson excessive

Les asperges tombent quand on les soulève et sont molles quand on les pique ; texture flasque et inconsistante ; couleur jaunâtre.

Pourquoi : cuisson trop lente ; trop longue ; eau non bouillante en début de cuisson, manque d'eau (voir Blanchiment et cuisson à l'eau des légumes verts, p. 49).

Que faire : il n'y a rien à faire. Même les soupes sont décevantes, car tout goût a disparu.

PROBLÈMES ET SOLUTIONS

Asperges fibreuses

Pourquoi : cuisson insuffisante ; mal épluchées ; asperges trop âgées ; en cas de cuisson au gril, manque d'arrosage.

Que faire : poursuivez la cuisson, en arrosant souvent ; si elles sont très fibreuses, il n'y a rien à faire.

Manque de couleur

Pourquoi : cuisson trop lente ; cuisson excessive ; cuisson menée à couvert.

Que faire : en cas de cuisson à l'eau, rafraîchissez à l'eau froide et égouttez soigneusement ; servez avec une garniture colorée : œufs durs hachés, herbes aromatiques.

RATTRAPAGE EXPRESS

Servez des asperges trop cuites en vinaigrette. Coupez-les en diagonale, en tronçons de 1 cm, réservez les pointes. Pour 250 g d'asperges, émincez finement 3 branches de céleri ou 1/2 bulbe de fenouil. Ajoutez 3 à 4 cuill. à soupe d'estragon haché et une vinaigrette faite avec 1 cuill. à café de moutarde de Dijon, 2 cuill. à soupe de jus de citron, 5 cuill. à soupe d'huile d'olive, du sel et du poivre. Mélangez, goûtez et rectifiez l'assaisonnement. Disposez sur des assiettes et décorez avec les pointes d'asperges.
Proportions pour 2 ou 3 personnes.

ENDIVES, CARDONS, CÉLERI, BETTES, FENOUIL ET POIREAUX

Légumes parfaitement blanchis

Aspect opaque ; légumes fermes quand on pique avec un couteau ; texture croquante, légèrement filandreuse et saveur herbacée. Certaines tiges et pousses comme le fenouil et les endives sont mangeables à ce stade, mais d'autres comme les poireaux ont besoin de cuisson supplémentaire.

Cuisson parfaite

Légumes légèrement translucides ; tendres quand on pique avec un couteau mais gardant leur forme ; parfums concentrés.

PROBLÈMES ET SOLUTIONS

Cuisson excessive et présence d'eau

Pourquoi : cuisson trop longue ; morceaux irréguliers entraînant une cuisson irrégulière.

Que faire : saupoudrez de croûtons frits, de lardons grillés, de lanières de jambon cru et de copeaux de parmesan.

Légumes filandreux

Pourquoi : légumes médiocres ou trop vieux ; cuisson insuffisante.

Que faire : poursuivez la cuisson ; coupez transversalement aux fibres pour servir ; voir « Cuisson excessive ».

Manque de goût et légumes amers

Pourquoi : légumes médiocres ou trop vieux ; manque d'assaisonnement ; en cas d'amertume : manque de liquide de cuisson (voir Blanchiment et cuisson des légumes verts, p. 49).

Que faire : assaisonnez et ajoutez de la badiane, de la coriandre, des anchois ou un fromage bleu.

Couleur terne grisâtre

Pourquoi : légumes médiocres ou trop vieux ; cuisson excessive.

Que faire : saupoudrez d'œufs durs hachés, de tomates ou de poivrons hachés.

RATTRAPAGE EXPRESS

Tous ces légumes sont difficiles à rattraper. Transformez-les en légumes à la crème : pour 375 g de légumes cuits émincés, ajoutez 45 g de beurre, du sel et du poivre et une bonne pincée de noix muscade. Couvrez et faites suer pendant 3 à 4 minutes Découvrez et cuisez jusqu'à ce que toute l'eau soit évaporée. Ajoutez 12 cl de crème et cuisez à feu doux en remuant souvent, jusqu'à consistance crémeuse, pendant 7 à 10 min. Assaisonnez.

Proportions pour 4 personnes.

HARICOTS VERTS, HARICOTS BEURRE, MANGE-TOUT ET POIS GOURMANDS

Haricots parfaitement blanchis

Croquants et cassants ; légèrement tendres mais fermes, résistent au couteau ; saveur herbacée, manquant d'intensité ; utilisez-les en sautés, dans des soupes ou des ragoûts.

Cuisson parfaite

Légumes tendres, fermes et souples (ici haricots verts) ; faciles à couper ; couleur franche, goût net et frais.

PROBLÈMES ET SOLUTIONS

Cuisson excessive

Pourquoi : cuisson trop lente (excepté en cas de braisage) ; cuisson trop longue ; eau non portée à ébullition avant cuisson, quantité d'eau insuffisante (voir Blanchiment et cuisson à l'eau des légumes verts, p. 49).

Que faire : en cas de cuisson à l'eau, arrêtez la cuisson, égouttez et rafraîchissez, égouttez à nouveau soigneusement. Servez avec du zeste de citron, du cumin moulu ou de la coriandre.

Légumes filandreux

Pourquoi : légumes trop vieux ou médiocres, cuisson insuffisante ; mal préparés avant cuisson.

Que faire : poursuivez la cuisson ; en cas de légumes déjà cuits, faites braiser au four avec des oignons, des carottes, du céleri émincés et un peu de bouillon. S'ils sont très filandreux, il n'y a rien à faire.

Manque de couleur

Pourquoi : légumes médiocres ; cuisson trop lente ; légumes pas immergés dans l'eau ; cuisson menée à couvert ; cuisson excessive.

Que faire : égouttez et rincez à l'eau froide pour arrêter la cuisson ; ajoutez des tomates et du poivron rouge hachés en quantité.

RATTRAPAGE EXPRESS

Réveillez des légumes fatigués avec cette sauce d'inspiration méditerranéenne : pour 375 g de légumes cuits, mélangez 1 yaourt nature, 1 cuill. à soupe d'aneth haché, 1 cuill. à soupe d'herbes hachées mélangées : coriandre, menthe, persil, estragon, une bonne pincée de cannelle en poudre, le jus d'un demi-citron et une pincée de sucre. Mélangez bien. Versez sur les légumes et remuez. Salez à votre goût. Proportions pour 4 personnes.

BROCOLIS ET CHOUX-FLEURS

Légumes parfaitement blanchis

Tige ferme quand on pique avec un couteau et texture croquante ; couleur d'origine ; idéal pour les salades, les sautés et les crudités.

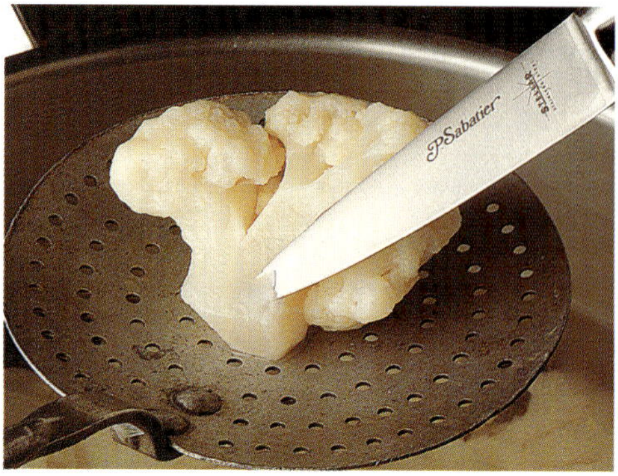

Cuisson parfaite

Tige tendre quand on pique avec un couteau ; tige légèrement translucide et inflorescences intactes ; couleur verte ou blanche, légumes fermes et croquants ; saveur fraîche.

PROBLÈMES ET SOLUTIONS

Cuisson excessive et inflorescences molles

Pourquoi : tige épaisse et inflorescences cuites trop rapidement ; bouquets trop petits ; cuisson trop lente ou trop longue ; ébullition insuffisante au moment de la cuisson ou manque d'eau.
Que faire : en cas de cuisson à l'eau, égouttez et rincez à l'eau froide ; en cas de cuisson à l'eau ou à la vapeur, passez rapidement à four doux pendant 3 à 5 minutes pour dessécher ; ne remuez pas pour ne pas casser les bouquets ; saupoudrez d'œuf dur haché, de croûtons frits, d'herbes hachées ou nappez de sauce tomate et fromage.

Légumes sans goût

Pourquoi : qualité médiocre ; manque d'assaisonnement ; cuisson excessive.
Que faire : salez, poivrez, ajoutez du jus de citron, des anchois, de l'ail, des herbes (aneth) et des épices (noix muscade, coriandre).

Manque de couleur

Pourquoi : légumes avariés (brocolis deviennent jaunes et choux-fleurs, marron) ; manque d'eau et légumes pas immergés ; légumes cuits à couvert ; cuisson excessive.
Que faire : il n'y a rien à faire ; les jeter.

RATTRAPAGE EXPRESS

Faites de la soupe avec des brocolis et choux-fleurs trop cuits. Prenez 50 cl de bouillon de volaille ou de légumes pour 375 g de brocolis ou choux-fleurs. Gardez quelques inflorescences pour décorer. Dans une casserole, faites fondre 2 oignons émincés dans 30 g de beurre. Ajoutez 2 gousses d'ail et le bouillon, salez, poivrez et portez à ébullition. Passez la soupe au mixeur. Ajoutez 25 cl de crème fraîche, redonnez un tour de bouillon, salez et poivrez à votre goût. Servez chaud, avec les inflorescences réservées, ou froid avec de la crème. Proportions pour 4 personnes.

PETITS POIS ET MAÏS

À LA FIN DU XVIIE SIÈCLE, MADAME DE SÉVIGNÉ RACONTE COMMENT LES COURTISANS DE LOUIS XIV S'AFFAMAIENT VOLONTAIREMENT POUR MIEUX DÉGUSTER LES PETITS POIS SUCRÉS, DONT LA SAISON EST SI ÉPHÉMÈRE. LE MAÏS EST MOINS APPRÉCIÉ. QUELLE ERREUR !

Légumes parfaitement blanchis

Légumes croquants mais peau légèrement attendrie par la cuisson ; couleurs franches, parfums peu développés. Ajoutez-les à des sautés et ragoûts.

Cuisson parfaite

Légumes juste tendres, un peu fermes ; couleurs vives et saveur fraîche.

Cuisson excessive, légumes mous

Texture pâteuse, enveloppe éclatée ; disparition de la couleur et des parfums.
Pourquoi : cuisson trop lente ou trop longue ; eau de cuisson pas menée à ébullition ou eau de cuisson insuffisante.
Que faire : en cas de cuisson à l'eau, égouttez, rafraîchissez sous l'eau froide, égouttez soigneusement, ajoutez du beurre, de l'huile, de la marjolaine, du thym, du persil hachés et remuez ; un peu de sucre aide aussi.

PROBLÈMES ET SOLUTIONS

Manque de goût
Pourquoi : légumes vieux ou médiocres ; cuisson trop lente ; manque d'assaisonnement.
Que faire : faites fondre une échalote hachée ou de l'ail dans de l'huile de noix ou d'olive et mélangez bien.

RATTRAPAGE EXPRESS

Transformez du maïs fade en crème : réduisez la moitié du maïs en purée au mixeur et ajoutez les grains restants dans une casserole. Ajoutez de la crème pour faire une purée homogène, chauffez bien, salez, poivrez, assaisonnez de noix muscade et de sucre.

Transformez des petits pois fades en risi e bisi : pour 375 g de petits pois, faites bouillir un volume égal de bouillon de volaille. Ajoutez 200 g de riz à grain long, salez et poivrez. Couvrez et faites cuire pendant 15 à 18 min jusqu'à ce que tout le liquide soit absorbé et le riz tendre. Pendant ce temps, faites sauter 2 ou 3 tranches de poitrine fumée coupées en lardons dans 1 cuill. à soupe d'huile d'olive. Ajoutez les petits pois et chauffez pendant 1 à 2 min. Mélangez le riz, les petits pois et 2 cuill. à soupe de persil haché. Goûtez et rectifiez l'assaisonnement.

Proportions pour 4 à 6 personnes.

LÉGUMES VERTS, ÉPINARDS ET CHOUX

Légumes parfaitement blanchis

Couleurs vives ; légumes tendres mais très croquants ; résistant au couteau ; saveurs herbacées et peu développées.

Cuisson parfaite

Couleur vive (ici, du chou) ; les légumes deviennent translucides quand on les fait cuire à l'eau, à la vapeur, sauter ou suer (pour le chou, les endives et la scarole), mais toujours légèrement croquants, faciles à couper ; saveurs franches et fraîches ; lorsqu'ils sont cuits au four, à la vapeur ou braisés, ils sont tendres, juteux mais, ni humides ni mous ; parfum corsé.

Cuisson excessive et légumes mous

Feuilles molles et gorgées d'eau ; couleur jaunâtre ou terne et saveur fade, ou aigre.
Pourquoi : cuisson trop lente ; cuisson trop longue ; eau non menée à ébullition avant cuisson, manque d'eau.
Que faire : s'ils sont cuits à l'eau, égouttez et rincez immédiatement à l'eau froide pour arrêter la cuisson, égouttez soigneusement en pressant pour éliminer l'eau. Ajoutez des lardons ou croûtons sautés, des noix hachées, des amandes grillées ou des pignons de pin ; ajoutez des oignons ou de l'ail frits, du piment rouge, du cumin, des graines de moutarde, du zeste de citron râpé

RATTRAPAGE EXPRESS

Lorsque vos légumes verts sont vraiment trop cuits, faites des flans : chauffez le four à 175 °C, égouttez soigneusement les légumes, hachez-les grossièrement au couteau. Pour 375 g de légumes, beurrez 4 ramequins de 25 cl et disposez les légumes au fond. Battez ensemble deux œufs, plus deux jaunes, 4 cuill. à soupe de crème épaisse, 4 cuill. à soupe de lait, 60 g de parmesan râpé, 1/2 cuill. à café de noix muscade râpée, du sel et du poivre. Versez l'appareil à flan sur les légumes et soulevez pour bien les enrober. Faites cuire au four pendant 15 à 20 minutes, jusqu'à ce que les flans soient fermes et qu'une pique à brochette ressorte sèche.

Proportions pour 4 personnes.

PROBLÈMES ET SOLUTIONS

Légumes filandreux et durs

Pourquoi : légumes médiocres ou vieux ; cuisson insuffisante.
Que faire : poursuivez la cuisson ; émincez dans le sens inverse des fibres avant ou après cuisson.
Nota : en cas de doute, blanchissez d'abord.

Légumes amers ou aigres

Pourquoi : légumes vieux ; cuisson excessive.
Nota : certains légumes comme les endives sont naturellement amers.
Que faire : ajoutez 1 ou 2 cuill. à café de sucre pour atténuer l'amertume, puis poursuivez la cuisson pendant 1 h ou davantage, pour confire les légumes.

Couleur fade

Pourquoi : légumes médiocres ; cuisson trop lente ; manque d'eau et légumes pas immergés ; légumes couverts pendant la cuisson ; cuisson excessive.
Que faire : égouttez et rincez à l'eau froide pour arrêter la cuisson et fixer la couleur ; ajoutez des herbes hachées.

LAITUES ET SALADES VERTES

Légumes parfaitement blanchis

Légumes brillants, cuits, mais croquants, résistant au couteau ; saveur herbacée. Le blanchiment fixe la couleur et élimine l'amertume.

Cuisson parfaite

Couleur franche (ici de la laitue) ; feuilles tendres mais gardant leur consistance ; feuilles faciles à couper ; saveur intense.

PROBLÈMES ET SOLUTIONS

Cuisson excessive

Pourquoi : cuisson trop lente ; temps de cuisson trop long.

Que faire : en cas de cuisson à l'eau ou vapeur, rafraîchissez pour arrêter la cuisson et fixer la couleur. Ajoutez des lardons ou des croûtons sautés, des tomates séchées ou des graines de sésame grillées.

Légumes fibreux

Pourquoi : légumes vieux ; cuisson insuffisante.

Que faire : poursuivez la cuisson, émincez dans le sens inverse des fibres avant ou après cuisson.

Légumes amers

Pourquoi : légumes vieux ; attachés en cours de cuisson.

Que faire : en cas de doute, faites blanchir avant cuisson ; s'ils sont brûlés, il n'y a rien à faire.

Couleur fade ou terne

Pourquoi : légumes médiocres ; cuisson trop lente ; manque d'eau de cuisson ; casserole couverte en cours de cuisson ; cuisson excessive.

Que faire : égouttez et rafraîchissez pour arrêter la cuisson et fixer la couleur ; ajoutez des poivrons hachés, ou nappez de sauce au fromage et faites gratiner.

RATTRAPAGE EXPRESS

Faites une soupe : pour 250 g de laitue cuite, faites blondir 1 oignon émincé dans 2 cuill. à soupe d'huile d'olive. Ajoutez la laitue et 2 gousses d'ail, faites sauter pendant 1 à 2 minutes Ajoutez 1 litre de bouillon, assaisonnez et faites frémir pendant 10 à 15 min. Ajoutez 400 g de haricots blancs en boîte et portez à ébullition. Ajoutez 30 g de basilic haché. Proportions pour 4 personnes.

BLANCHIMENT ET CUISSON À L'EAU

On blanchit les légumes verts pour différentes raisons : pour fixer leur couleur, qu'ils soient verts ou blancs, pour atténuer leur goût ou pour attendrir légèrement une texture fibreuse. La cuisson à l'eau implique une cuisson définitive, bien que légère.

Il existe une vieille règle de cuisson des légumes verts : ceux qui poussent sur le sol doivent être démarrés à l'eau bouillante et cuits le plus rapidement possible, à découvert. Cela préserve les vitamines. La cuisson à découvert permet l'évaporation des composantes acides et empêche les légumes de jaunir. Les légumes qui poussent sous le sol doivent être démarrés à l'eau froide et frémir à couvert. Les légumes doivent être immergés dans l'eau : pour 375 g de légumes, comptez au moins 4 litres d'eau additionnée de 12 g de sel. Une feuille de laurier dans l'eau empêche les goûts forts (chou, chou-fleur) de se développer. Faites cuire ensemble des légumes de même taille ou coupés en morceaux égaux. Portez l'eau à forte ébullition, ajoutez les légumes et refaites bouillir rapidement. Laissez cuire, égouttez et rafraîchissez, pour arrêter la cuisson et fixer la couleur. Pour finir, laissez soigneusement égoutter.

COURGES, COURGETTES ET POTIRONS

Légumes parfaitement blanchis

Couleur vive ; aspect opaque ; texture moelleuse et légèrement croquante. Parfaits en crudités, salades et sautés à la poêle.

Cuisson légère parfaite

Légumes translucides, tendres quand on les pique avec un couteau, fermes et moelleux ; couleur franche et bords dorés ; parfum frais pour les légumes d'été, doux pour les légumes d'hiver.

Cuisson excessive, légumes détrempés

Couleur fade ; légumes saturés d'eau et mous ; amas sans forme brun foncé ; saveur insipide.
Nota : le temps de cuisson des courges d'été est très court.
Pourquoi : excès de maturité des légumes ; texture grossière et saturée d'eau ; cuisson excessive ; feu trop doux ; trop d'eau de cuisson.
Nota : les courges à maturité sont meilleures cuites à la vapeur qu'à l'eau.
Que faire : égouttez, saupoudrez d'échalotes hachées et fondues, d'oignon ou d'ail avec de l'aneth, du basilic, du thym ou du persil hachés ; saupoudrez les courges d'hiver de cumin, coriandre, noix muscade, cannelle, quatre-épices ou gingembre ; saupoudrez de fromage râpé et faites gratiner.
Nota : les courges trop cuites se défont facilement, évitez de remuer. Transformez en purée ou en soupe.

PROBLÈMES ET SOLUTIONS

Légumes filandreux

Pourquoi : légumes vieux ou médiocres ; cuisson insuffisante.
Que faire : poursuivez la cuisson. S'ils sont très filandreux, hachez-les, ajoutez des herbes et mélangez à des pâtes ou à une purée de pommes de terre.

Goût fade

Pourquoi : excès de maturité ou légumes médiocres ; manque d'assaisonnement ; cuisson excessive.
Que faire : saupoudrez de sucre roux et faites gratiner ; voir « Cuisson excessive, légumes détrempés ».

Goût amer

Pourquoi : excès de maturité ou légumes avariés, particulièrement concombre.
Que faire : ajoutez de la sauce de soja, de la sauce Worcestershire, des piments rouges séchés, des câpres, des pickles, des olives ou des anchois. Si très amer, il n'y a rien à faire.

RATTRAPAGE EXPRESS

Lorsque vos courgettes sont trop cuites et détrempées, faites un rougail (ragoût de légumes mauricien). C'est délicieux avec du riz et des lentilles.
Pour 375 g de courgettes cuites concassées, chauffez 2 cuill. à soupe d'huile d'olive dans une sauteuse. Faites revenir 1 oignon haché, ajoutez les courgettes, 2 gousses d'ail hachées et 1 cuill. à café de cumin en poudre, du sel et du poivre et faites cuire à feu chaud jusqu'à évaporation du liquide, pendant 3 à 5 min. Ajoutez 2 tomates émondées et concassées et faites revenir pendant 1 à 2 min. Ajoutez 2 à 3 cuill. à soupe de coriandre hachée, goûtez et rectifiez l'assaisonnement.
Proportions pour 4 personnes.

AUBERGINES

Cuisson « juste » parfaite

Avec ou sans peau, la chair est fondante et moelleuse, légèrement translucide et dorée ; parfum riche presque fumé.

Légumes croquants parfaits

Bord doré et croustillant, milieu tendre ; parfum riche, fumé et caramélisé.

PROBLÈMES ET SOLUTIONS

Cuisson insuffisante

Pourquoi : feu trop doux ; temps de cuisson insuffisant ; manque d'arrosage.

Que faire : poursuivez la cuisson ; arrosez souvent avec la sauce ou l'huile de cuisson.

Excès de cuisson et légumes desséchés

Pourquoi : temps de cuisson trop long ; feu trop fort ; manque d'arrosage.

Que faire : badigeonnez légèrement d'huile d'olive, ajoutez ou alternez des couches d'ingrédients juteux : tomates, oignons frits, sauce Béchamel, sauce au fromage ou sauce à la viande, comme pour la moussaka. Saupoudrez de fromage râpé ou, à la turque, de graines de cumin, jus de citron, cayenne, menthe hachée et un peu de sucre.

Goût fade

Pourquoi : manque d'assaisonnement, de cuisson.

Que faire : salez, poivrez et ajoutez un ou deux des aromates suivants : coriandre, cumin, quatre-épices, paprika, thym, origan, romarin, persil, jus de citron, huile parfumée. N'oubliez pas l'ail !

Goût amer

Pourquoi : excès de maturité, légume vieux.

Que faire : salez avant cuisson pour éliminer l'amertume ; ajoutez de l'ail, du vinaigre de vin, des noisettes. En cas d'amertume excessive, il n'y a rien à faire.

RATTRAPAGE EXPRESS

Si vous n'avez pas encore ajouté trop d'ingrédients différents aux aubergines cuites, faites du caviar d'aubergine. Grattez la pulpe de 4 aubergines (environ 375 g) et jetez les peaux. Ajoutez 1 gousse d'ail finement hachée, 3 cuill. à soupe d'huile d'olive, 2 cuill. à soupe de crème fraîche, 1/2 cuill. à café de cumin en poudre, 1/2 cuill. à café de coriandre moulue, 1/2 cuill. à café de tabasco, du sel et du poivre et écrasez avec une fourchette. Goûtez, rectifiez l'assaisonnement à votre goût, avec du tabasco. Le mélange a un goût corsé et une texture un peu grossière. Servez dans un joli bol avec des feuilles de salade ou sur du pain de campagne grillé et frotté à l'ail. Proportions pour 4 personnes.

POIVRONS ET PIMENTS

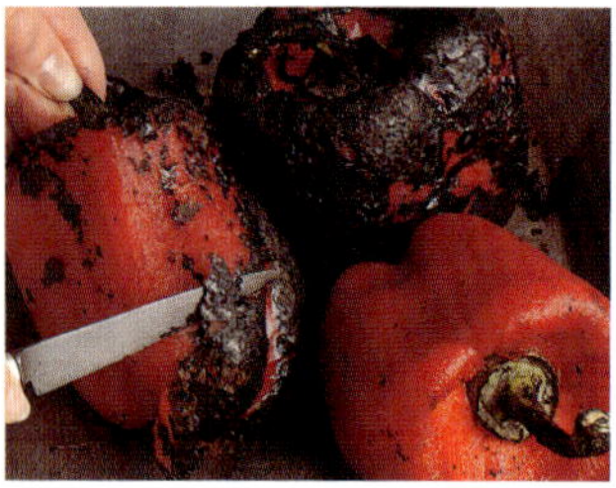

Poivrons entiers prêts à être pelés

Fortement grillés, peau carbonisée, chair molle mais ferme ; juteux, colorés, léger goût fumé ; en cas de cuisson au four, avec une farce, ils gardent leur forme mais sont tendres.

Légumes parfaitement blanchis

Couleur franche, texture légèrement croquante, résistent à la pointe d'un couteau ; parfum légèrement herbacé. Coupés en lanières, sont utilisés en salade et pour décorer.

Cuisson excessive, légumes humides

Poivrons mous, couleur et goût fades.
Pourquoi : cuisson trop longue ou trop lente.
Que faire : rafraîchissez pour arrêter la cuisson et égouttez soigneusement. Chauffez 1 cuill. à soupe d'huile dans une poêle et faites cuire à chaleur vive pour éliminer l'eau, pendant 30 à 60 s. Saupoudrez de graines de tournesol grillées ou de cacahuètes hachées.

PROBLÈMES ET SOLUTIONS

Cuisson insuffisante

Pourquoi : chaleur faible ; temps de cuisson trop court.
Que faire : poursuivez la cuisson en augmentant la température si nécessaire.

Goût acide

Pourquoi : poivrons médiocres ou manquant de maturité ; cuisson insuffisante.
Que faire : poursuivez la cuisson pour attendrir ; atténuez l'acidité avec de l'huile d'olive, des oignons sautés, des raisins et autres fruits secs ; ajoutez du piment frais ou sec.

Couleur fade

Pourquoi : poivrons médiocres ; cuisson excessive.
Que faire : rafraîchissez pour arrêter la cuisson et fixer la couleur ; saupoudrez les poivrons verts de tomate concassée et les poivrons rouges de coriandre ou de persil.

RATTRAPAGE EXPRESS

Les poivrons trop cuits sont excellents dans l'omelette à l'espagnole (piperade). Pour 2 poivrons farcis ou 375 g de poivrons cuits, hachez 2 à 3 cuill. à café de coriandre et ajoutez-les aux poivrons concassés. Coupez 4 tranches de poitrine fumée en dés et faites dorer. Éliminez la matière grasse en gardant 2 cuill. à soupe. Battez 4 œufs dans un bol avec du sel et du poivre. Chauffez vivement la matière grasse et les lardons, ajoutez les œufs et remuez avec une fourchette pendant 30 secondes, jusqu'à ce que l'omelette prenne sur les bords. Ajoutez les légumes, poursuivez la cuisson en ramenant les bords vers le centre avec une fourchette, pendant 1 min environ. Lorsque l'omelette est pratiquement cuite, laissez encore pendant 2 à 3 minutes pour qu'elle dore en dessous. Glissez sur une assiette et remettez dans la poêle sur l'autre face pour faire dorer celle-ci, pendant 2 à 3 min. Proportions pour 4 personnes.

TOMATES

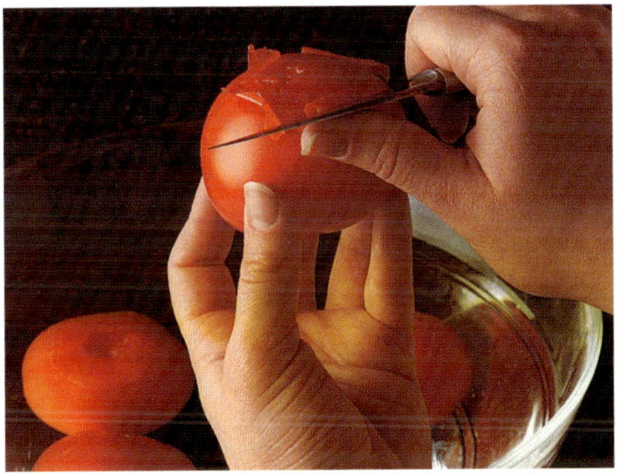

Tomates prêtes à être pelées

La peau se détache ; elle est facile à enlever ; chair crue et ferme.

Cuisson au four parfaite

Tomates chaudes, juteuses, tendres quand on les pique, gardant leur forme ; peau éclatant légèrement ; couleur franche ; parfum fort.

PROBLÈMES ET SOLUTIONS

Cuisson excessive

Pourquoi : cuisson trop longue ; chaleur insuffisante – une cuisson rapide à feu vif permet une meilleure conservation de la forme du légume.
Que faire : saupoudrez d'herbes hachées : origan, basilic, persil ; saupoudrez de fromage râpé et de chapelure et faites griller. Voir aussi « Rattrapage express ».

Couleur pâle et texture farineuse

Pourquoi : tomates médiocres, manquant de maturité.
Que faire : ajoutez des oignons frits, une gremolata composée de zestes de citron, d'ail et de persil.

Tomates acides

Pourquoi : tomates médiocres ou manquant de maturité.
Que faire : ajoutez 1 cuill. à café de sucre – les tomates sont des fruits.

RATTRAPAGE EXPRESS

Les solutions imaginatives pour les tomates trop cuites sont nombreuses ; en voici quelques-unes. Pelez-les autant que possible. Vous pouvez laisser les graines.

- Concassez les tomates, ajoutez du basilic ou du persil plat haché, de l'huile d'olive et versez sur des pâtes chaudes ou une salade de pâtes.
- Égouttez les tomates concassées et ajoutez-les à des haricots verts.
- Mélangez les tomates concassées à de la polenta cuite pour accompagner les viandes et volailles.
- Faites une concassée chaude ou froide (voir les sauces pp. 80-81).
- Faites un croque-monsieur à la tomate : coupez une baguette en deux, nappez de tomate, arrosez de vinaigre balsamique, salez, poivrez ; pressez entre deux assiettes pendant au moins 15 minutes pour que le pain absorbe le jus.

LÉGUMES-RACINES ET PATATES DOUCES

Cuisson parfaite

Tendre mais ne se défait pas quand on pique avec un couteau ; chair moelleuse, légèrement translucide mais pas saturée d'eau ; saveur douce quelquefois sucrée (carottes), piquante (navets et topinambours).

Nota : pour une soupe ou une purée, ils doivent être plus tendres, mais sans cuisson excessive.

PROBLÈMES ET SOLUTIONS

Cuisson insuffisante, légumes fibreux

Pourquoi : temps de cuisson trop court ; température de cuisson trop basse ; ingrédients acides (tomates) qui ralentissent la cuisson ; légumes fibreux soit de qualité médiocre soit vieux.

Que faire : poursuivez la cuisson en augmentant le feu si nécessaire ; s'ils restent fibreux bien que tendres, réduisez en purée au tamis ou moulin à légumes (voir « Rattrapage express »).

Cuisson excessive

Pourquoi : cuisson trop longue, cuisson trop rapide : intérieur ferme et extérieur trop cuit.

Que faire : égouttez soigneusement, remettez dans la casserole à feu doux ou mettez sur une plaque à four doux pour faire sécher, puis suivez la recette.

Manque de goût

Pourquoi : légumes médiocres ; manque d'assaisonnement ; cuisson excessive.

Que faire : rehaussez le goût avec du sucre, du miel, des épices du type cumin, coriandre, gingembre, cannelle, girofle, des herbes du type thym, origan, menthe, coriandre ; ajoutez quelques cuillerées de crème ou du beurre.

Goût amer ou fort

Pourquoi : légumes médiocres ou vieux.

Que faire : épluchez ; mariez des goûts différents : orange et carotte, pomme et betterave ou panais, graines de sésame grillées et topinambours ; saupoudrez les patates douces d'une pincée de sucre roux et de chapelure et faites gratiner.

Couleur fade

Pourquoi : légumes médiocres, vieux, mal conservés ; légumes épluchés et exposés à l'air (surtout topinambours, panais, céleri-rave et salsifis) ; liquide de cuisson insuffisant et légumes pas immergés.

Que faire : épluchez bien avant cuisson ; mettez les légumes épluchés dans de l'eau froide additionnée de jus de citron ; faites cuire dans une grande quantité d'eau salée.

RATTRAPAGE EXPRESS

Réduisez les racines trop cuites en purée. Disposez-les sur une plaque à four et mettez à 175 °C pendant 5 à 10 minutes pour les dessécher. Passez au mixeur et, pour 375 g de légumes, ajoutez 4 cuill. à soupe de crème fraîche et 30 g de beurre. Si les légumes sont fibreux, passez au tamis ou au moulin à légumes. Chauffez la purée dans une casserole en remuant. Elle doit rester moelleuse ; si elle est trop ferme, ajoutez de la crème. Salez, poivrez, ajoutez du sucre et les épices de votre choix. Proportions pour 4 personnes.

POMMES DE TERRE

ON PEUT DIVISER LES POMMES DE TERRE EN DEUX CATÉGORIES : LES VARIÉTÉS FERMES, « CIREUSES », QUI TIENNENT À LA CUISSON, ET LES VARIÉTÉS « FARINEUSES » IDÉALES POUR LA PURÉE. LES PREMIÈRES SONT EXCELLENTES À L'EAU, À LA VAPEUR OU SAUTÉES.

Cuisson « juste » parfaite

Pomme de terre tendre, ne se défait pas quand on pique avec un couteau ; en cas de cuisson à l'eau, chair moelleuse non détrempée ; net goût de terre.
Nota : consistance parfaite pour cuisson à la vapeur et à l'eau, ou pour servir en sauce.

Pomme de terre bien cuite

Peau se détache facilement, extérieur de la pomme de terre épluchée est farineux.
Nota : stade de cuisson idéal pour les pommes au four, ou destinées à être réduites en purée.

Cuisson excessive

Très farineuse ; détrempée (cuisson à l'eau) ou ratatinée (cuisson au four).
Pourquoi : cuisson trop rapide ou trop longue, intérieur ferme et extérieur trop cuit.
Que faire : égouttez, disposez sur une plaque à four et faites sécher à four doux.

PROBLÈMES ET SOLUTIONS

Cuisson insuffisante
Pourquoi : cuisson trop courte ; feu trop doux ; variété ferme.
Que faire : poursuivez la cuisson, en augmentant le feu.

Sans goût
Pourquoi : pommes de terre médiocres ou vieilles ; manque d'assaisonnement ; cuisson excessive.
Que faire : ajoutez un mélange de sel, poivre, noix muscade, herbes hachées : sauge, thym, ciboulette, persil ; nappez de beurre, d'huile d'olive, de crème ou de lardons.

Saveur forte
Pourquoi : pommes de terre médiocres ou vieilles et mal conservées, taches vertes et germes.
Nota : les taches vertes sont toxiques.
Que faire : ajoutez des lardons, des oignons ou de l'ail sautés, de la crème ou du yaourt nature.

Couleur fade
Pourquoi : pommes de terre médiocres, trop vieilles ou mal conservées ; épluchées et exposées à l'air ; non immergées.
Nota : les pommes de terre noircissent quand elles gèlent.
Que faire : nettoyez bien ; conservez les pommes de terre épluchées dans l'eau froide ; faites cuire dans beaucoup d'eau salée.

RATTRAPAGE EXPRESS

Si les pommes de terre se désagrègent, écrasez-les et ajoutez des herbes : égouttez bien, faites sécher dans la casserole à feu doux pendant 1 à 2 min. Ajoutez 3 cuill. à soupe de lait ou de crème, 15 g de beurre et 1 cuill. à soupe d'herbes hachées (ciboulette ou persil) par pomme de terre, battez à feu doux pour alléger. Assaisonnez.

POMMES DE TERRE SAUTÉES OU FRITES

Manque de cuisson et de couleur

Pommes de terre à peine colorées ; molles ; goût de matière grasse.
Pourquoi : temps de cuisson trop court ; cuisson trop lente ; trop de pommes de terre dans la friteuse ; trop de pommes de terre mises dans l'huile à la fois.
Que faire : égouttez, chauffez l'huile à 190 °C et faites frire rapidement ; en cas de cuisson à la poêle, augmentez le feu et faites frire vivement en remuant.

Cuisson parfaite

Couleur dorée (pour les frites) et arêtes brunies (pour les pommes de terre sautées) ; croustillantes, tendres, légèrement farineuses à l'intérieur ; saveur noisette sans goût de matière grasse.
Nota : pour rester croustillantes, elles doivent être bien cuites.

PROBLÈMES ET SOLUTIONS

Pommes de terre molles

Pourquoi : cuisson insuffisante ; cuisson trop lente ; pommes de terre mal égouttées après cuisson ou qui ont attendu avant d'être servies.
Que faire : en cas de friture, replongez rapidement (voir « Manque de cuisson ») ; en cas de cuisson à la poêle, mettez sur du papier absorbant, puis au four chaud. Faites frire 1 oignon émincé et mettez sur les pommes de terre avec du persil haché.

Pommes de terre brûlées

Pourquoi : cuisson excessive ; température trop élevée ; matière grasse trop chaude.
Que faire : enlevez les morceaux trop brûlés et saupoudrez de ciboulette ou de persil hachés.

PURÉE DE POMMES DE TERRE

La purée de pommes de terre est un grand classique. Elle doit être riche, légère et ne pas coller. Les principes d'exécution sont très simples : choisissez la bonne variété de pommes de terre, coupez en morceaux de 2,5 cm. Je laisse la peau qui donne du goût et empêche les morceaux de se défaire. Mettez dans une grande quantité d'eau froide salée, couvrez, portez à ébullition et cuisez à petits frémissements, pendant 15 à 20 minutes ; égouttez. Laissez tiédir et enlevez la peau. Faites sécher dans la casserole ou à four doux.

Les pommes de terre sont gorgées d'amidon, et l'objectif est d'en dilater les particules pour rendre la purée légère et non collante. Passez les pommes de terre dans un tamis ou un chinois, ou écrasez-les directement dans la casserole. Pour rendre la purée légère et lisse, battez-la sur le feu avec une cuillère en bois en incorporant du lait chaud, de la crème et de bons morceaux de beurre. Si vous fouettez trop ou passez au mixeur, elle deviendra épaisse et collante. Les proportions dépendent de la variété de pommes de terre. Salez et poivrez avec du poivre blanc, pour que votre purée reste immaculée.

OIGNONS

LES OIGNONS SONT À L'ORIGINE DES SAVEURS D'UN GRAND NOMBRE DE PLATS, C'EST POURQUOI IL EST IMPORTANT D'EN CONNAÎTRE LES VARIÉTÉS ET LES MODES DE CUISSON RESPECTIFS. LES OIGNONS JAUNES SONT LES PLUS FACILES À UTILISER.

Parfaitement fondus

Les oignons émincés ou hachés sont translucides, moelleux, fondants, blond clair ; les oignons entiers sont charnus, juteux, tendres quand on les pique ; saveur douce et riche.

Parfaitement dorés

Couleur blond doré, texture légèrement croquante, disparition des sucs par évaporation ; saveur goûteuse et concentrée.

Parfaitement caramélisés

Les oignons émincés sont confits, réduits en une purée brune non carbonisée ; saveur intense, concentrée et caramélisée.

PROBLÈMES ET SOLUTIONS

Manque de goût

Pourquoi : mauvais choix dans la variété ; manque d'assaisonnement ; cuisson insuffisante et caramélisation insuffisante.
Que faire : salez, poivrez, ajoutez du porto, du sucre roux ou du miel et poursuivez la cuisson. Après cuisson, ajoutez des ingrédients relevés, acides ou sucrés : piments séchés ou en poudre, vinaigre ou vin, raisins ou autres fruits secs.

Oignons brûlés

Pourquoi : cuisson trop longue ; cuisson trop rapide.
Que faire : en cas de carbonisation partielle, transférez dans une poêle propre. En cas de carbonisation excessive, il n'y a rien à faire.

Oignons entiers désagrégés

Pourquoi : cuisson trop longue.
Que faire : saupoudrez de tomate, de noix, d'herbes : thym, sauge ou persil hachés.

RATTRAPAGE EXPRESS

Lorsqu'un confit d'oignons ou des oignons au four n'ont pas de goût, nappez-les du mélange suivant : faites fondre 60 g de beurre à feu doux, ajoutez 90 g de noix de pécan fendues ou d'amandes entières émondées et remuez pour les enrober. Ajoutez 1/2 cuill. à café de sauce Worcestershire, une bonne pincée de curry, de gingembre moulu, de sel et de piment de Cayenne, mélangez bien. Étalez les noix sur une plaque et faites griller à four chaud (175 °C) pendant 15 à 20 minutes, en remuant de temps en temps ; les épices brunissent et leurs saveurs se développent. Mettez sur du papier absorbant, hachez grossièrement et saupoudrez les oignons.
Proportions pour 4 à 6 personnes.

CHAMPIGNONS

EN DEHORS DES CHAMPIGNONS DE PARIS, UNE DEMI-DOUZAINE D'AUTRES CHAMPIGNONS S'ACHÈTENT FACILEMENT DANS LE COMMERCE : CÈPES, CHANTERELLES, PIEDS-DE-MOUTON, MORILLES, PLEUROTES, LEUR CHAIR DENSE ET PARFUMÉE REHAUSSE LES PLATS.

Cuisson insuffisante, champignons durs

Chair ferme et résistante, restent secs ; couleur pâle et goût fade.
Pourquoi : temps de cuisson trop court ; cuisson trop rapide ; manque de liquide de cuisson.
Que faire : baissez le feu et poursuivez la cuisson, ajoutez du liquide ou de la matière grasse.
Nota : les champignons rendent leur propre jus, ne les noyez pas dans le liquide.

Cuisson parfaite

Consistance tendre et juteuse ; on peut les couper avec une fourchette ; couleur franche (blanc crème pour les champignons de Paris) et parfum intense.

PROBLÈMES ET SOLUTIONS

Cuisson excessive, champignons secs

Pourquoi : champignons médiocres ou vieux ; cuisson trop longue ; cuisson trop rapide ; manque de liquide de cuisson.
Que faire : ajoutez du bouillon et poursuivez la cuisson pendant 1 à 2 min.
Nota : même trop cuits, ils sont bons.

Champignons humides

Pourquoi : champignons médiocres ou conservés dans du plastique ; cuisson insuffisante.
Nota : certaines variétés dont les champignons de Paris et les pleurotes rendent beaucoup d'eau.
Que faire : égouttez et poursuivez la cuisson à feu vif jusqu'à ce que le liquide soit évaporé.

Manque de goût

Pourquoi : champignons médiocres ou vieux ; manque d'assaisonnement.
Que faire : faites revenir 1 oignon, 1 échalote ou de l'ail hachés et ajoutez les champignons, salez, poivrez, ajoutez des épices : noix muscade, coriandre, cumin, ou des herbes : estragon, ciboulette, thym, persil.

RATTRAPAGE EXPRESS

Si les champignons sont secs ou manquent d'assaisonnement, arrosez de bouillon et faites frémir pendant 1 à 2 min. Salez ou arrosez de sauce de soja, poivrez, saupoudrez d'herbes hachées. Ce mélange est délicieux dans une omelette.

POÊLÉES DE LÉGUMES

Cuisson parfaite

Légumes tendres mais fermes, certains croquants ; couleurs vives et bien contrastées ; garniture aromatique présente mais pas dominante.

Cuisson excessive

Légumes mous et flétris, détrempés ; saveur fade.

Pourquoi : temps de cuisson trop long ; cuisson trop lente, trop de légumes mis simultanément dans la sauteuse.

Que faire : égouttez, remettez la sauteuse sur le feu, faites revenir quelques légumes frais du type céleri ou ciboule hachés, puis ajoutez les légumes trop cuits.

PROBLÈMES ET SOLUTIONS

Goût fade

Pourquoi : manque d'assaisonnement ; cuisson excessive.

Que faire : ajoutez de la sauce de soja, de la sauce d'huître ou de poisson, du vin de riz, du jus de citron, du tabasco ou de l'huile de sésame.

Couleur fade

Pourquoi : ingrédients médiocres ; cuisson excessive.

Que faire : ajoutez des ingrédients frais et colorés : poivron haché, échalote, zeste de citron, d'orange ou de citron vert, graines de sésame grillées, coriandre ou persil haché.

Cuisson peu homogène

Pourquoi : ordre de cuisson des légumes mal respecté ; légumes insuffisamment remués.

Que faire : si possible, enlevez les légumes cuits et poursuivez la cuisson des autres.

RATTRAPAGE EXPRESS

Faites des crêpes chinoises : égouttez les légumes et hachez-les grossièrement. Pour 375 g de légumes, hachez finement 1 échalote et 1 gousse d'ail. Battez 4 œufs en omelette avec du sel et du poivre. Huilez la sauteuse et chauffez fortement. Hors du feu, versez 3 à 4 cuill. à soupe d'œuf battu en formant une petite crêpe de 13 cm de diamètre. Faites dorer à feu vif pendant 1 à 2 min ; retournez et faites dorer. Glissez sur une assiette et recommencez. Chauffez de l'huile et faites revenir l'échalote et l'ail pendant 1 min. Ajoutez les légumes et faites chauffer rapidement en remuant, assaisonnez avec du soja. Mettez un peu de ce mélange dans chaque crêpe et roulez. Proportions pour 4 personnes.

LÉGUMES FRITS

LES JAPONAIS SONT LES CHAMPIONS DES LÉGUMES FRITS ET IL EST DIFFICILE DE TROUVER MIEUX QUE LA TEMPURA : OIGNONS, PATATES DOUCES, SHIITAKE, RACINES DE LOTUS SONT CUITS DANS UNE PÂTE LÉGÈRE ET CROUSTILLANTE.

Manque de cuisson et de couleurs

Enveloppe terne ; consistance molle ; légumes gras.
Pourquoi : température de cuisson trop basse, trop de légumes dans la friteuse ; temps de cuisson trop court.
Que faire : égouttez et chauffez l'huile à 190 °C. Refaites frire les légumes en petites quantités.

Cuisson parfaite

Enveloppe uniformément dorée ; légumes croustillants et légers quand on égoutte (forme des légumes souvent visible à travers l'enveloppe) ; goût du légume présent ; consistance moelleuse et ferme.

PROBLÈMES ET SOLUTIONS

Légumes mous
Pourquoi : cuisson insuffisante ; pâte trop liquide ; chaleur insuffisante ; légumes mal égouttés après cuisson ; légumes ayant attendu ; enveloppe ramollie après addition de sel.
Que faire : gardez les légumes au chaud dans le four, porte ouverte, et servez dans un laps de temps de 15 minutes ; salez au dernier moment ; voir aussi « Cuisson excessive ».

Légumes fades
Pourquoi : légumes médiocres, pâte à frire peu assaisonnée.
Que faire : assaisonnez ou servez avec une sauce piquante.

Enveloppe désagrégée
Pourquoi : légumes humides ; pâte à frire trop liquide ; huile pas assez chaude.
Que faire : rien, malheureusement !

Cuisson excessive, friture indigeste
Enveloppe brun foncé ; légumes croustillants, mais goûts d'huile et de pâte à frire dominants.
Pourquoi : temps de cuisson trop long ou trop rapide ; pâte trop épaisse.
Que faire : servez avec des quartiers de citron ou une sauce.

RATTRAPAGE EXPRESS

Servez cette sauce avec les légumes frits, surtout s'ils sont un peu fades : mélangez 4 cuill. à soupe d'eau avec 2 cuill. à soupe de sauce de soja, d'huile d'arachide, de vinaigre de vin rouge, de sucre et de xérès, une pincée de piment rouge séché, 1 gousse d'ail et un petit morceau de gingembre finement hachés.

LÉGUMES BRAISÉS ET GLACÉS

POUR BRAISER LES LÉGUMES, JE LES FAIS GÉNÉRALEMENT MIJOTER DANS DU VIN, DU BOUILLON OU DE L'EAU, AVEC DES TOMATES OU DES FRUITS SECS. CHOISISSEZ DES LÉGUMES DU TYPE CAROTTES, CÉLERI-RAVE, POIREAUX, PATATES DOUCES, NAVETS ET OIGNONS…

Cuisson parfaite

Légumes tendres qui ne se défont pas quand on pique avec un couteau ; sucre et beurre dorés, couleurs intactes ; saveurs franches et douces.

Cuisson excessive

Légumes mous, se défaisant presque ; sucre qui se caramélise ; légère amertume.

Pourquoi : temps de cuisson trop long ; cuisson trop lente.

Que faire : parsemez de noix, de ciboule ou de persil hachés ; ravivez les saveurs des légumes braisés avec 2 à 3 cuill. à café de purée de tomates ; saupoudrez les légumes glacés de sucre roux et passez au gril.

PROBLÈMES ET SOLUTIONS

Cuisson insuffisante, texture fibreuse

Pourquoi : temps de cuisson trop court ; température trop basse ; ingrédient acide du type tomate qui ralentit la cuisson ; légumes médiocres ou vieux.

Que faire : poursuivez la cuisson en augmentant la température si nécessaire.

Manque de goût

Pourquoi : légumes médiocres ; manque d'assaisonnement ; cuisson excessive.

Que faire : ajoutez de l'ail haché, un peu de sucre, salez, poivrez ; voir aussi « Cuisson excessive ».

RATTRAPAGE EXPRESS

Lorsque les légumes braisés ou glacés sont mous ou fades, saupoudrez de poireau ou de gingembre frits : coupez en tranches un bon morceau de gingembre en taillant perpendiculairement aux fibres, recoupez ces tranches en bâtonnets fins. Coupez 1 gros poireau en julienne. Chauffez l'huile à 190 °C et faites frire le gingembre ou le poireau, pendant 1 à 2 min. Retirez avec une écumoire, égouttez sur du papier absorbant et éparpillez sur les légumes.

PURÉES DE LÉGUMES

LES PURÉES SONT PLUS DIFFICILES À FAIRE QU'IL N'Y PARAÎT : IL NE SUFFIT PAS SIMPLEMENT D'ÉCRASER LES LÉGUMES ET DE LES SERVIR. CHOISISSEZ BIEN LES VARIÉTÉS QUI CONVIENNENT : CAROTTES OU POTIRON… LES LÉGUMES À FIBRES SE RÉDUISENT MAL EN PURÉE.

Purée trop fluide

Purée liquide, tendant à couler ; couleur indéfinie et saveur fade.
Pourquoi : légumes manquant de maturité ou inadaptés, manque d'amidon ; légumes mal égouttés ; cuisson insuffisante n'ayant pas permis la libération de l'amidon.
Que faire : faites frémir à feu doux pour faire évaporer l'eau, en remuant pour l'empêcher d'attacher.

Purée parfaite

Purée (ici patates douces) lisse, légère, se détachant facilement de la cuillère ; consistante sans être collante ; couleur claire ; saveur parfumée.

Purée grumeleuse

Purée peu homogène, liquide sur les bords, collante ; couleur terne.
Pourquoi : légumes inadaptés ; cuisson insuffisante ; légumes mal écrasés.
Que faire : passez au tamis ou au moulin à légumes.
Nota : les légumes à fibres comme le poireau et le céleri-rave s'écrasent mal au presse-purée ou au moulin à légumes.

PROBLÈMES ET SOLUTIONS

Purée trop épaisse
Pourquoi : excès d'amidon ; liquide de cuisson insuffisant.
Que faire : délayez avec crème, lait, bouillon ou eau.

Purée collante
Pourquoi : farineux (pommes de terre, lentilles) trop travaillés, souvent au mixeur.
Que faire : ajoutez des noix hachées ou du céleri cru pour casser la consistance.

Purée fade
Pourquoi : légumes médiocres ou trop cuits ; manque d'assaisonnement.
Que faire : salez, poivrez, ajoutez des épices en poudre : noix muscade, coriandre, cumin et cardamome, qui développent le goût des lentilles, pois cassés et haricots secs ; piment de la Jamaïque et cannelle, qui rehaussent les châtaignes, potirons et courges ; ail, origan, basilic et persil frais avec les tomates, courgettes et haricots verts.

Purée terne
Pourquoi : cuisson trop lente, cuisson excessive ; purée peu travaillée sur le feu : la liaison et la coloration ne se font pas.
Que faire : travaillez la purée à feu doux, pendant 1 à 2 min, puis ajoutez des herbes hachées.

RATTRAPAGE EXPRESS

Améliorez toutes les purées médiocres avec de la crème et du beurre. Pour 25 cl de purée, ajoutez de 15 à 30 g de beurre et 2 à 3 cuill. à soupe de crème fraîche. Mettez sur le feu et travaillez avec un mixeur plongeant ou une cuillère en bois jusqu'à ce que la purée soit légère et lisse, pendant 2 à 3 minutes. Ajoutez les épices mentionnées dans « Purée fade ».

LÉGUMES GRILLÉS ET RÔTIS AU FOUR

CE MODE DE CUISSON NE CONVIENT QU'AUX LÉGUMES ROBUSTES ET JUTEUX. D'ABORD LES LÉGUMES-FRUITS : TOMATES, POIVRONS, COURGETTES. PUIS LES LÉGUMES-RACINES : CAROTTES, NAVETS ET CÉLERI-RAVE, ET LES LÉGUMES VERTS : ASPERGES, ENDIVES ET TRÉVISE.

Cuisson parfaite

Légumes moelleux, tendres mais ayant gardé leur apparence ; surface dorée et bords caramélisés ; saveurs intenses, léger goût de fumé, couleurs franches.

Cuisson excessive, légumes secs

Légumes desséchés et recroquevillés ; couleurs ternies et saveur agressive.
Pourquoi : légumes mal choisis ou vieux ; temps de cuisson trop long ; température de cuisson trop élevée ; manque d'arrosage.
Que faire : badigeonnez d'huile d'olive, de beurre fondu ou de vinaigrette ; arrosez de vinaigre de vin rouge, de jus de citron ou de citron vert, saupoudrez d'herbes aromatiques : basilic, thym. S'ils sont brûlés, il n'y a rien à faire.

PROBLÈMES ET SOLUTIONS

Légumes filandreux et manquant de cuisson
Pourquoi : légumes inadaptés ; temps de cuisson trop court ; feu trop doux.
Que faire : coupez en petits morceaux perpendiculairement aux fibres ; poursuivez la cuisson, arrosez souvent.

Légumes fades
Pourquoi : légumes médiocres ; manque d'arrosage.
Que faire : badigeonnez de vinaigrette, arrosez d'huile d'olive ou de noix et de jus de citron ; badigeonnez du mélange suivant : 1 gousse d'ail écrasée, 2 cuill. à soupe de vin de riz, 1 cuill. à café respectivement de sauce de poisson, de sauce de soja et d'huile de sésame, le jus de 2 citrons et 1/2 cuill. à café de sucre.

RATTRAPAGE EXPRESS

Confectionnez un sandwich géant avec une baguette entière : badigeonnez le pain d'huile d'olive ou de vinaigrette, ajoutez les légumes, ajoutez une couche de gruyère ou de fromage de chèvre. Pressez fortement le sandwich et coupez-le en morceaux en diagonale.

TERRINES ET FLANS DE LÉGUMES

Cuisson parfaite

Flan pris, surface légèrement humide ; ensemble ferme à la pression du doigt ; une brochette ressort chaude au bout de 30 secondes ; couleurs franches et parfums nettement présents.

Cuisson excessive

Flan se ratatinant dans le moule, jus de cuisson au fond du moule ; saveur fade.
Pourquoi : température de cuisson trop forte ; temps de cuisson trop long.
Que faire : si vous pouvez démouler, saupoudrez d'herbes hachées et nappez de beurre blanc (flan chaud) ou de mayonnaise (flan froid).

De gauche à droite

Cuisson insuffisante

Flan mou à l'intérieur quand on appuie, s'affaissant quand on démoule.

Cuisson parfaite

Bien monté, bords droits, texture fine quand on coupe.

Cuisson excessive

Texture grossière ; flan trop coloré et tendant à s'émietter.

RATTRAPAGE EXPRESS

Lorsqu'une terrine ou un flan sont complètement effondrés, introduisez les morceaux dans un pita en les mélangeant avec des légumes croquants. Ou faites des canapés en posant un peu du mélange sur des tranches de pain croustillantes et saupoudrez de copeaux de parmesan ou décorez d'olives noires.

PROBLÈMES ET SOLUTIONS

Cuisson insuffisante, flan mou

Flan qui s'affaisse, surtout à l'intérieur ; brochette à peine chaude quand on la retire au bout de 30 secondes ; flan trop mou pour garder sa forme quand on coupe ; saveurs indéfinies.
Pourquoi : temps de cuisson trop court ; température trop basse ; légumes trop humides ; liaison insuffisante.
Que faire : en cas de cuisson insuffisante (flan mou à l'intérieur seulement), poursuivez la cuisson, augmentez la température si nécessaire ; en cas de légumes humides ou de manque de liaison, voyez « Rattrapage express », car toute cuisson supplémentaire est inutile.

Flan affaissé

Pourquoi : légumes inadaptés, trop humides ou fibreux ; légumes humides après cuisson ; manque de liaison ; cuisson excessive.
Que faire : voir « Rattrapage express ».

Flan fade

Pourquoi : manque d'assaisonnement ; légumes médiocres ou inadaptés.
Que faire : salez et poivrez les flans ou tranches de terrine. Servez avec une sauce relevée : crème au raifort, vinaigrette aux herbes ; ajoutez des ingrédients croquants : grains de maïs, échalotes et coriandre.

LA CUISSON DES PÂTES "AL DENTE"

Cuisson parfaite

Pâtes tendres mais fermes (al dente) ; elles ne collent pas ; les spaghettis se coupent avec l'ongle ; parfum de noisette.

Cuisson parfaite à gauche

Pâtes fermes, souples et bien séparées.

Cuisson excessive à droite

Pâtes gonflées, molles et flasques ; collantes par endroits.

PROBLÈMES ET SOLUTIONS

Cuisson insuffisante, intérieur dur

Pourquoi : temps de cuisson trop court ; eau insuffisamment frémissante.

Que faire : poursuivez la cuisson en augmentant le feu si nécessaire.

Cuisson excessive

Pourquoi : temps de cuisson trop long ; pâtes fraîches insuffisamment séchées ; pâtes pauvres en gluten.

Que faire : égouttez, rincez à l'eau chaude pour éliminer l'amidon ; remuez rapidement avec de l'huile pour les séparer, nappez de sauce et servez rapidement. En cas de cuisson vraiment excessive, il n'y a rien à faire.

Pâtes lourdes et collantes

Pourquoi : manque d'eau ; pâtes insuffisamment remuées et collantes ; cuisson excessive ; sauce trop épaisse ; pâtes ayant attendu avant d'être servies.

Que faire : si aucune matière grasse ni sauce n'a été ajoutée, plongez dans l'eau bouillante, remuez pour séparer et égouttez ; si les pâtes sont nappées de sauce, ajoutez quelques cuillerées d'huile, de vin rouge ou blanc, de liquide de cuisson ou d'eau et faites doucement réchauffer. Voir aussi « Cuisson excessive ».

Goût fade

Pourquoi : manque d'assaisonnement ; sauce fade ; pâtes médiocres.

Que faire : salez, aromatisez généreusement : poivre du moulin, piment séché émietté et herbes (basilic, thym, origan) ; dans les sauces contenant poisson ou légumes, ajoutez du zeste de citron râpé, du jus de citron ; servez avec du parmesan râpé (jamais avec le poisson).

RATTRAPAGE EXPRESS

Lorsque les pâtes sont vraiment trop cuites, elles sont irrattrapables. Si la situation n'est pas désespérée, suivez néanmoins la recette prévue. Nappez de sauce sans remuer pour ne pas les casser, et n'oubliez pas le parmesan râpé !

CANNELLONIS ET LASAGNES

LES ITALIENS SONT LES CHAMPIONS DES GRATINS DE PÂTES ET DES PÂTES FARCIES. LES LASAGNES À LA BOLOGNAISE SONT FORMÉES DE FEUILLES DE PÂTE, CUITES AL DENTE, ALTERNANT AVEC DES COUCHES DE SAUCE BÉCHAMEL ET DE SAUCE TOMATE À LA VIANDE.

Cuisson parfaite

Pâtes juste tendres quand on les coupe ; farce riche, moelleuse et relevée ; saveurs franches et belles couleurs contrastées.

RATTRAPAGE EXPRESS

Si les cannellonis ou les lasagnes sont trop cuits et secs, versez 25 cl de lait, bouillon ou eau sur les pâtes, couvrez et remettez rapidement au four jusqu'à ce que tout le liquide soit absorbé. Juste avant de servir, saupoudrez généreusement d'herbes hachées : ciboulette, basilic ou persil.

PROBLÈMES ET SOLUTIONS

Cuisson insuffisante, pâtes dures

Pourquoi : temps de cuisson trop court ; chaleur insuffisante.
Que faire : si les pâtes restent dures, une fois la sauce absorbée, arrosez de bouillon, crème ou eau et poursuivez la cuisson ; si le dessus est pâle, augmentez la chaleur ou gratinez sous le gril.

Excès de cuisson : pâtes sèches

Pourquoi : temps de cuisson trop long ; chaleur trop forte ; manque de farce ou de sauce.
Que faire : servez en petites portions et arrosez de sauce ou de vinaigrette chaude aux noix ou aux noisettes.

Consistance épaisse

Pourquoi : trop de pâtes ; sauce ou farce trop épaisses ; cuisson excessive.
Que faire : servez avec de la sauce ou un mélange croquant de maïs et de poivron, du fenouil finement émincé, du céleri et du concombre mariné au vinaigre, ou une salade de roquette.

RIZ ET CÉRÉALES

LA CUISSON À L'EAU EST LE MODE DE CUISSON LE PLUS COURANT DES CÉRÉALES : À GRANDE EAU BOUILLANTE, À L'ÉTOUFFÉE OU À LA VAPEUR. ON PEUT JOUER SUR LA LÉGÈRETÉ DE LEUR TEXTURE. TOUT DÉPEND DU TYPE DE GRAIN : ENTIER OU CONCASSÉ.

Cuisson insuffisante

Grains (ici du riz à l'eau) séparés mais formant un paquet amalgamé par l'amidon.
Pourquoi : grains très secs ; temps de cuisson trop court ; température trop basse.
Que faire : poursuivez la cuisson, ajoutez de l'eau ou un autre liquide et augmentez la température si nécessaire.

Cuisson parfaite

Grains légers et séparés ; les grains peuvent être coupés avec l'ongle du pouce ; tendres mais al dente ; saveurs naturelles, couleur blanche.

Cuisson excessive

Grains mous, souvent éclatés et se transformant en bouillie quand on remue, grains pulpeux et mous sous la dent ; saveur farineuse, couleur terne.
Pourquoi : temps de cuisson trop long, cuisson trop rapide.
Que faire : étalez sur une plaque huilée et faites sécher au four doux pendant 15 min. ; voir « Rattrapage express ».

PROBLÈMES ET SOLUTIONS

Cuisson peu homogène

Pourquoi : grains de tailles différentes ; provenant de récoltes différentes et plus ou moins secs.
Que faire : poursuivez la cuisson, ajoutez de l'eau ou un autre liquide si nécessaire.

Goût fade

Pourquoi : manque d'assaisonnement ; céréales médiocres ou trop vieilles.
Que faire : goûtez et rectifiez l'assaisonnement ; ajoutez des saveurs piquantes : cayenne, tabasco, sauce de soja, huile de sésame ; des épices : piment de la Jamaïque, coriandre, noix muscade, paprika, safran, curry ou garam masala.

Couleur terne

Pourquoi : grains de couleur grisâtre ; excès d'ingrédients colorés, excès d'épices moulues.
Que faire : ajoutez des ingrédients de couleur vive : curcuma (avec les épices), purée de tomates (avec les légumes) ou des herbes hachées.

RATTRAPAGE EXPRESS

Lorsque les céréales sont trop cuites ou manquent de goût, faites un riz au four. Chauffez le four à 220 °C. Pour 250 g de céréales cuites, ajoutez 1 œuf légèrement battu, 1 gousse d'ail finement hachée, 1 cuill. à soupe de persil haché et une bonne dose de poivre du moulin. Étalez le mélange dans un plat à gratin et saupoudrez de 2 cuill. à soupe de chapelure. Répartissez 30 g de beurre en petits morceaux sur le dessus, faites dorer au four chaud, pendant 12 à 15 min.
Proportions pour 2 personnes.

RISOTTO

POUR LE RISOTTO, UTILISEZ TOUJOURS UN GRAIN ROND – LA VARIÉTÉ ARBORIO EST LA PLUS CONNUE. COMME POUR LE RIZ PILAF, IL FAUT D'ABORD L'ENROBER DE BEURRE, CE QUI SÉPARE LES GRAINS, PERMET DE LIBÉRER L'AMIDON ET REND LE RISOTTO CRÉMEUX.

Cuisson tendre

Les grains se détachent facilement de la cuillère ; consistance crémeuse ; saveur douce et ronde, belle couleur crème clair.

Cuisson ferme

Consistance plus épaisse, les grains se détachent à peine mais ne collent pas ; saveur franche et naturelle.

PROBLÈMES ET SOLUTIONS

Cuisson insuffisante, riz dur

Pourquoi : temps de cuisson trop court ; chaleur insuffisante ; manque de liquide.

Que faire : poursuivez la cuisson, ajoutez du liquide et augmentez le feu si nécessaire.

Manque de goût

Pourquoi : qualité de riz médiocre ou vieux ; bouillon fade.

Que faire : rectifiez l'assaisonnement ; épicez : noix muscade, cumin, coriandre moulue ; ajoutez des ciboules ou du céleri haché, des oignons frits ou des noix grossièrement hachées ; parfumez avec du zeste de citron râpé.

RATTRAPAGE EXPRESS

Transformez un risotto trop cuit ou collant en croquettes de riz.

Ajoutez au riz froid 2 œufs légèrement battus, 90 g de parmesan et 1 cuill. à soupe de persil haché.

Divisez le mélange en 12 parts égales et formez des croquettes cylindriques.

Chauffez 2 cuill. à soupe d'huile d'olive dans une grande poêle.

Faites dorer la moitié des croquettes pendant 2 à 3 min.

Retournez-les et faites dorer l'autre côté. Faites frire les croquettes restantes de la même façon.

Proportions pour 4 à 6 personnes.

RIZ ET AUTRES CÉRÉALES FAÇON PILAF

POUR FAIRE LE RIZ PILAF, ON CHAUFFE D'ABORD LE RIZ DANS DE LA MATIÈRE GRASSE, PUIS ON LE LAISSE MIJOTER DANS UNE CERTAINE QUANTITÉ DE LIQUIDE JUSQU'À CE QUE CELLE-CI SOIT ABSORBÉE.

Cuisson parfaite

Pilaf de céréales (ici du pilaf de riz complet), grains séparés, liquide absorbé, masse épaisse et crémeuse ; grains tendres mais fermes ; saveurs pleines et riches.

Cuisson parfaite

Céréales pilaf concassées (ici du boulgour), les grains se séparent avec une fourchette ; consistance légère et aérée, grains un peu fermes ; saveurs affirmées, couleur claire.

PROBLÈMES ET SOLUTIONS

Cuisson insuffisante

Pourquoi : temps de cuisson trop court ; manque de liquide.

Que faire : poursuivez la cuisson, ajoutez du liquide.

Cuisson excessive

Pourquoi : cuisson trop longue ; cuisson trop rapide.

Que faire : voir « Rattrapage express ».

Céréales fades

Pourquoi : manque d'assaisonnement ; céréales vieilles.

Que faire : aromatisez, ajoutez des ciboules, du céleri hachés, des oignons ou des noix caramélisés, du zeste de citron.

RATTRAPAGE EXPRESS

Lorsque votre plat est collant ou fade, transformez-le en galettes épicées. Pour 500 g de céréales pilaf, mélangez 2,5 cm de gingembre et 2 gousses d'ail finement hachés, 1 cuill. à café de graines d'anis et 1/2 cuill. à café de cannelle et de cardamome en poudre, 1 yaourt nature, le zeste râpé et le jus d'un citron. Ajoutez ce mélange aux céréales. Formez 12 galettes, faites dorer dans 2 cuill. à soupe d'huile, pendant 2 à 3 min de chaque côté. Proportions pour 4 à 6 personnes.

TARTES ET QUICHES

Cuisson insuffisante, fond pâteux

Garniture (ici jambon et fromage) cuite et dorée, mais, lorsqu'on coupe, la base est molle et la garniture fuit.
Pourquoi : la pâte n'a pas été cuite à blanc ; pâte insuffisamment cuite avant addition de la garniture ; tarte insuffisamment cuite ; tarte trop haut dans le four : surface dorée et fond insuffisamment cuit ; tarte ayant attendu trop longtemps avant d'être servie.
Que faire : poursuivez la cuisson, descendez la tarte dans le four ; si la garniture est cuite, couvrez d'aluminium et poursuivez la cuisson pendant 10 à 15 min à 200 °C.

Cuisson parfaite

Garniture cuite, et, le cas échéant, surface dorée ; lorsqu'on coupe, fond croustillant et non pâteux, parts faciles à couper ; garniture uniforme, moelleuse mais non liquide ; saveur franche, crémeuse pour les quiches et flans.

Cuisson excessive, garniture coagulée

Surface brune, garniture sèche et rétractée ; pour les quiches et tartes (ci-dessus), garniture dissociée, présence de bulles d'eau et fond pâteux.
Pourquoi : cuisson trop longue, trop rapide.
Que faire : décorez d'éléments colorés : radis, feuilles de laitue, tomates cerises pour les tartes salées, menthe, basilic ou pépites de chocolat pour les tartes sucrées.

PROBLÈMES ET SOLUTIONS

Pâte s'affaissant quand on démoule

Pourquoi : pâte mal étalée et présence de fentes ; cuisson insuffisante ; tarte démoulée alors qu'elle était chaude ; garniture insuffisamment cuite.
Que faire : si possible, remettez dans le moule, laissez refroidir et figer ; servez dans le moule ; camouflez les tartes salées de persil et les tartes sucrées de crème fouettée.

Goût d'œuf

Pourquoi : excès de flan ; ingrédients fades ou insuffisamment assaisonnés ; cuisson insuffisante.
Que faire : ajoutez des ingrédients salés – lardons grillés, parmesan –, salez, poivrez ; parsemez les tartes sucrées de noix muscade râpée, de cacao ou de café instantané.

RATTRAPAGE EXPRESS

Saupoudrez une quiche pâteuse d'une couche de fromage fondu. Pour une quiche de 25 cm de diamètre, mélangez 100 g de gruyère râpé, 50 g de céleri émincé et 3 à 4 cuill. à soupe de persil haché. Répartissez le mélange sur la quiche et assaisonnez généreusement de poivre du moulin. Faites cuire à 230 °C pour faire fondre et dorer le fromage, pendant 8 à 10 min.

SAUCE AU FROMAGE

Cuisson parfaite

Belle couleur crème, sauce brillante, nappant généreusement le dos d'une cuillère, saveur marquée.
Nota : sauce épaisse formant une excellente liaison.

Présence de fils

Sauce épaisse formant des fils lorsqu'on soulève la masse.
Pourquoi : sauce portée à ébullition, réchauffée ou maintenue au chaud trop longtemps : protéines du fromage coagulées.
Nota : on peut éviter ce phénomène avec des fromages à pâte dure comme le parmesan.
Que faire : rien, malheureusement !

PROBLÈMES ET SOLUTIONS

Sauce liquide

Pourquoi : manque de farine ; manque de cuisson.
Que faire : faites réduire en remuant souvent jusqu'à atteindre la bonne consistance, avant d'ajouter le fromage ; ajoutez ensuite 2 jaunes d'œufs en fouettant, chauffez très doucement jusqu'à épaississement.

Sauce trop épaisse

Pourquoi : trop de farine ; évaporation du lait par excès de cuisson.
Que faire : ajoutez du lait pour liquéfier.

Sauce pleine de grumeaux

Pourquoi : fromage insuffisamment fondu ; cuisson trop rapide ; sauce mal fouettée en cours d'épaississement, mal remuée en cours de cuisson et ayant attaché ; formation d'une peau en surface en cours de refroidissement.
Que faire : chauffez doucement en fouettant pour faire fondre le fromage ; en cas de grumeaux, enlevez du feu, fouettez vigoureusement ; en cas d'insuccès, passez au tamis.

Sauce fade

Pourquoi : manque d'assaisonnement ; manque de fromage ; fromage fade (préférez le parmesan, le gruyère ou du cheddar vieilli et sec).
Que faire : rectifiez l'assaisonnement : ajoutez de la moutarde de Dijon et du sel ; ajoutez du fromage.

RATTRAPAGE EXPRESS

Si votre sauce est pauvre ou manque de couleur, ajoutez 1 ou 2 jaunes d'œufs en fouettant, après le fromage ; vérifiez l'assaisonnement. Ne réchauffez pas, sinon l'œuf coagulera.

SAUCES BLANCHES

Sauce fine

Brillante, couleur crème pâle ; nappe légèrement et rapidement le dos d'une cuillère ; goût délicat, sans fadeur. Peut former la base d'une soupe.

Sauce moyenne

Nappe généreusement le dos d'une cuillère, mais suffisamment fluide ; moelleuse et brillante ; saveur crémeuse et parfumée. Pour napper les œufs, le poisson, la volaille, les viandes blanches et les légumes, surtout les gratins.

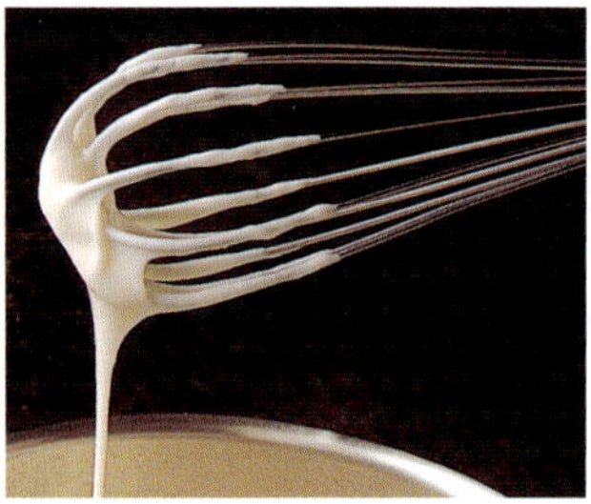

Sauce épaisse

Brillante, onctueuse, belle couleur crème ; suffisamment épaisse pour constituer un liant mais liquide aussi ; saveur riche et corsée. Base pour les soufflés, farces et croquettes.

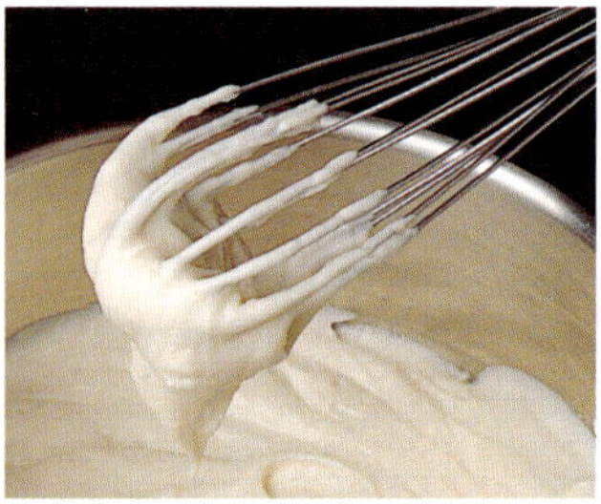

Sauce de liaison (panade)

Lisse et suffisamment ferme pour garder la trace de la cuillère ; saveur robuste, farine complètement cuite. Élément de liaison : pour la pâte à choux, les beignets, les quenelles.

RATTRAPAGE EXPRESS

Une bonne pincée de noix muscade améliorera toutes vos sauces blanches, car elle rehausse agréablement le goût du lait.

PROBLÈMES ET SOLUTIONS

Sauce trop liquide

Pourquoi : trop peu de farine ; manque de cuisson.

Que faire : faites frémir en remuant souvent, et réduisez à la bonne consistance.

Sauce trop épaisse

Pourquoi : trop de farine ; évaporation du lait par une cuisson trop longue.

Que faire : ajoutez du lait.

Présence de grumeaux

Pourquoi : cuisson trop rapide, sauce peu fouettée, sauce attachée car insuffisamment remuée pendant la cuisson ; formation d'une peau en cours de refroidissement.

Que faire : enlevez du feu et fouettez vigoureusement ou utilisez un mixeur plongeant. Si c'est insuffisant, passez au tamis ; couvrez la sauce pendant qu'elle refroidit.

Goût de farine

Pourquoi : manque de cuisson ; excès de farine.

Que faire : faites frémir pendant 3 à 5 min supplémentaires.

Taches brunes dans la sauce

Pourquoi : sauce attachée et roussie car insuffisamment remuée ou trop chauffée.

Nota : des taches noires peuvent être provoquées par le poivre noir.

Que faire : passez au chinois dans une autre casserole.

PROPORTIONS DE BASE

La connaissance des proportions de base est indispensable pour la réussite de la sauce.
Pour 25 cl de sauce, comptez :
Sauce fluide : 15 g de beurre et 7 g de farine.
Sauce moyenne : 20 g de beurre et 10 g de farine.
Sauce épaisse : 30 g de beurre et 15 g de farine.
Sauce de liaison : 45 g de beurre et 20 g de farine.

QUELLE CRÈME UTILISER ?

Ne porte l'appellation entière de « crème fraîche » qu'un produit ayant au moins 30 % de matière grasse. Il s'agit de crème crue ou de crème pasteurisée, liquide ou épaisse. Aucune autre crème n'a droit à l'adjectif « fraîche ».

• La crème double contient 40 % de matière grasse et ne monte pas facilement. Réservez-la aux sauces veloutées et aux préparations à la crème typiques (poulet, veau, etc.) nécessitant cuisson, réduction ou liaison.

• La crème fraîche épaisse convient également aux cuissons, réductions et liaisons. Si vous souhaitez la fouetter, allongez-la avec 20 % d'eau ou de lait froids.

• La crème fraîche liquide s'utilise pour les cuissons, les réductions et les liaisons. Vous pouvez la fouetter sans problème.

• La crème vendue sous la simple dénomination de « fleurette » est un produit liquide à 20 % de matière grasse qui permet de préparer une crème fouettée plus légère, mais qui tient tout aussi bien qu'avec de la crème fraîche liquide.

• Les crèmes légères ou allégées comportent entre 12 et 20 % de matière grasse. Certaines se dissocient sous l'action de la chaleur. Elles ne supportent pas toutes d'être fouettées : vous devez les tester.

ÉLÉMENT DE LIAISON DES SAUCES

Les liaisons pour les sauces peuvent être divisées en deux groupes : celles qu'on incorpore au début du processus et celles qu'on incorpore à la fin.

• Le roux : réalisé à partir de farine et de beurre, il est la base des veloutés et des sauces brunes. Pour ces dernières, on fait un roux brun qui donne du goût avant l'addition de tout liquide.

• Le beurre manié : version de roux réalisée à partir de beurre et de farine malaxés, qu'on ajoute aux sauces courtes au dernier moment pour les rendre onctueuses.

• Purées de fruits et de légumes : elles apportent leurs parfums et saveurs, ainsi que leurs couleurs (carottes, fruits rouges...).

• Jaunes d'œufs, ou œufs entiers : ils permettent d'émulsionner et d'épaissir légèrement (voir Émulsion et émulsifiants, p. 79).

• Jaunes d'œufs et crème (quelquefois les jaunes seuls) : additionnés en fin de cuisson, ils épaississent légèrement et enrichissent les soupes et les sauces. Pour empêcher les œufs de coaguler, ajoutez-leur un peu de sauce chaude hors du feu pour les détendre, puis mélangez à la sauce et chauffez pour épaissir, sans faire bouillir.

• Maïzena, fécule de pommes de terre et arrow-root : ils sont nécessaires pour épaissir au dernier moment un liquide ou des sauces trop fluides. Délayez d'abord la fécule dans un liquide froid avant de l'ajouter à la sauce, remuez constamment. En moyenne, 1 cuill. à café de fécule épaissit 25 cl de liquide. Le mélange n'est pas stable ; ainsi, si la sauce reste sur le feu ou si vous la réchauffez, elle tend à se liquéfier, et il faudra rajouter de la fécule.

• Pain : frais ou sec, on peut l'ajouter à n'importe quel moment. Utilisé modérément, il donne des résultats d'une incroyable légèreté, mais jamais une sauce complètement lisse. Elle épaissit si vous la laissez reposer ou si vous la réchauffez.

SAUCES VELOUTÉES

ON ATTRIBUE AUX VELOUTÉS DES QUALIFICATIFS TELS QUE « SUPRÊME » POUR UN VELOUTÉ DE VOLAILLE PARFUMÉ AU CITRON ET AUX CHAMPIGNONS OU « À LA REINE » POUR DU BLANC DE POULET ET SAUCE VELOUTÉE, SERVI DANS UNE BOUCHÉE.

Cuisson parfaite

Sauce nappant le dos d'une cuillère mais consistance fluide ; belle couleur crème homogène sans trace de gris, aspect brillant ; saveur du bouillon de base présente : veau, volaille ou poisson.

RATTRAPAGE EXPRESS

Un filet de jus de citron donne de la fraîcheur à un velouté, qu'il soit de poisson, de volaille ou de veau. Pour faire une sauce riche et lisse, ajoutez de la crème fraîche au fouet.

PROBLÈMES ET SOLUTIONS

Sauce trop liquide

Pourquoi : excès de bouillon.

Que faire : faites réduire en frémissant jusqu'à consistance désirée.

Sauce trop épaisse gélatineuse

Pourquoi : manque de bouillon, sauce trop réduite.

Que faire : ajoutez du bouillon ou de l'eau si le goût est trop fort.

Manque d'éclat

Pourquoi : sauce insuffisamment fouettée ; manque de cuisson.

Que faire : fouettez vigoureusement pendant 1 min, puis faites frémir pendant 3 à 5 min et éliminez la peau.

Manque de goût

Pourquoi : bouillon pauvre ou manque d'assaisonnement.

Que faire : rectifiez l'assaisonnement ; ajoutez, selon disponibilité, de la glace de viande ou de poisson ; poursuivez la réduction même si la sauce devient épaisse ; ravivez le goût avec 1 à 2 cuill. de cognac, de madère ou de xérès.

FONDS, BOUILLONS ET FUMETS

LES FONDS OU BOUILLONS DE POISSON, VOLAILLE, VEAU, BŒUF OU LÉGUMES, MIJOTANT AVEC UNE GARNITURE AROMATIQUE, FORMENT LA BASE D'UN GRAND NOMBRE DE SAUCES ET DE SOUPES.

Fond parfait

Bouillon limpide, couleur franche : pâle pour le poisson et les légumes, dorée pour la volaille et le veau, plus sombre pour le bœuf ; saveur concentrée : fraîche pour le poisson et les légumes, douce pour la volaille et la viande.

Fond trouble

Aspect terne, couleur sombre ; saveur écœurante.
Pourquoi : os mal lavés ; fond bouilli.
Que faire : fouettez 2 blancs d'œufs dans le fond chaud et faites frémir 5 min, puis passez à l'étamine.

PROBLÈMES ET SOLUTIONS

Fond gras
Pourquoi : os enrobés de graisse, mal égouttés après rôtissage ; fond bouilli.
Que faire : enlevez l'excès de matière grasse.

Saveurs pauvres
Pourquoi : excès d'eau, cuisson trop courte.
Que faire : poursuivez la cuisson ; passez au chinois et faites réduire rapidement.

RATTRAPAGE EXPRESS

Vous pouvez supprimer l'excédent de graisse d'un fond en passant du papier absorbant à la surface. Recommencez plusieurs fois cette opération.

SAUCE HOLLANDAISE

Sauce trop liquide

Consistance mousseuse ; manque de corps et sauce coulante ; saveur fade.
Pourquoi : émulsion de base insuffisamment battue avant d'ajouter le beurre.
Que faire : continuez à faire cuire à feu doux ou au bain-marie, en fouettant constamment jusqu'à bonne consistance, pendant 1 à 2 min.

Sauce parfaite

Consistance riche, spatule laissant une trace visible pendant 10 à 15 s ; saveur délicate qu'on peut enrichir d'une légère touche de citron.

Sauce coagulée

Beurre dissocié, filaments d'œuf coagulé.
Pourquoi : émulsion de base cuite trop rapidement ; beurre incorporé trop rapidement ; cuisson à feu trop fort ou trop longue ; œufs avariés.

Que faire : rafraîchissez la casserole en la trempant dans l'eau froide. Ajoutez un glaçon et battez la sauce, en incorporant les parties coagulées pour rétablir l'émulsion. En cas d'insuccès, voir « Rattrapage express ».

PROBLÈMES ET SOLUTIONS

Goût d'œuf, sauce fade
Pourquoi : manque d'assaisonnement ; quantité de beurre insuffisante, beurre de mauvaise qualité ou pas clarifié.
Que faire : complétez l'assaisonnement avec du jus de citron ; ajoutez du beurre clarifié.

Sauce terne et grise couleur métallique
Pourquoi : réaction entre l'acidité d'un ingrédient et le métal du récipient ou du fouet.
Que faire : il n'y a rien à faire. Utilisez une casserole en inox.

RATTRAPAGE EXPRESS

Lorsque la hollandaise est coagulée, recommencez à zéro en l'utilisant à la place du beurre fondu. Émulsionnez 1 jaune d'œuf avec 1 cuill. à soupe d'eau en fouettant, sur feu doux, pour former une mousse légère et ferme. Enlevez du feu, incorporez petit à petit la sauce coagulée. Commencez par 1 cuill. à café, puis davantage, au fur et à mesure que la sauce prend.
Nota : si la sauce de départ est vraiment trop cuite et que les jaunes sont très fermes, il n'y a rien à faire.

BEURRE BLANC ET SAUCES AU BEURRE

COMME LA SAUCE HOLLANDAISE ET LA BÉARNAISE, LE BEURRE BLANC REPOSE SUR UNE ÉMULSION – MAIS COMME LA MATIÈRE GRASSE DU LAIT ET LE PETIT-LAIT JOUENT LE RÔLE D'ÉMULSIFIANTS, IL EST PLUS FRAGILE.

Sauce liquide

Presque transparente et peu nappante.
Pourquoi : réduction insuffisamment sirupeuse ; beurre pas assez réfrigéré ; beurre ajouté trop rapidement et pas assez battu.
Que faire : enlevez du feu et battez vigoureusement à la main ou au batteur.

Sauce parfaite

Nappe légèrement la cuillère ; si on fait une trace avec le doigt, elle persiste ; les arômes se mêlent de façon homogène ; parfum délicat, saveurs équilibrées, avec une persistance d'échalote, de vin et de vinaigre.

Sauce dissociée

Beurre en surface et autres ingrédients au fond.
Pourquoi : beurre mal émulsionné au départ ; cuisson à feu trop fort ou sauce maintenue au chaud trop longtemps.
Que faire : si la sauce se dissocie, arrêtez la cuisson immédiatement et trempez le fond de la casserole dans l'eau froide. Puis reportez-vous au « rattrapage express ».

PROBLÈMES ET SOLUTIONS

Goût de beure prononcé
Pourquoi : assaisonnement insuffisant ou de mauvaise qualité.
Que faire : rectifiez en ajoutant du vinaigre ; ajoutez des aromates : herbes, zeste de citron râpé.

Sauce trop salée
Pourquoi : utilisation de beurre salé ; excès de sel.
Que faire : ajoutez un alcool anisé, des herbes hachées, du safran ou 1 cuill. de crème fraîche.

RATTRAPAGE EXPRESS

Pour 25 cl de sauce dissociée : faites réduire 2 cuill. à soupe de crème fraîche dans une casserole, pendant 1 à 2 min. À feu doux, ajoutez en fouettant 1 cuill. à café de sauce dissociée pour rétablir l'émulsion, puis 2 à 3 autres, et petit à petit le reste de la sauce. Goûtez et rectifiez l'assaisonnement. Cette sauce n'aura pas la stabilité de la sauce de départ, mais elle tiendra au moins 5 min.

MAYONNAISE

LES VARIANTES DE LA MAYONNAISE SONT NOMBREUSES : L'AÏOLI PROVENÇAL EST À BASE D'AIL ET LA ROUILLE EST RELEVÉE DE PIMENT DE CAYENNE ; TOUT LE MONDE CONNAÎT LA SAUCE TARTARE, À BASE DE CÂPRES, D'ÉCHALOTES, DE CORNICHONS ET D'ŒUFS DURS.

Mayonnaise ferme parfaite

Conserve la trace du fouet ; aspect brillant, couleur crème ; vinaigre et autres parfums forment un mélange harmonieux avec l'huile.

Mayonnaise très ferme parfaite

Le fouet tient dans la masse ; couleur jaune clair ; goût prononcé.

Mayonnaise dissociée

Mayonnaise liquide ; texture grossière ; œufs nettement dissociés de l'huile.
Pourquoi : jaunes et huile trop froids ; mélange de départ insuffisamment émulsionné ; huile ajoutée trop rapidement.
Que faire : voir « Rattrapage express ».

PROBLÈMES ET SOLUTIONS

Mayonnaise liquide

Nota : finira par se dissocier au bout d'un moment.
Pourquoi : jaune et huile trop froids, sauce de départ mal émulsionnée ; huile versée trop rapidement ; excès de vinaigre, manque d'huile.
Que faire : placez le bol dans de l'eau chaude et battez vigoureusement pour faire épaissir ; en cas d'excès de vinaigre, ajoutez de l'huile.

Goût d'huile

Pourquoi : huile trop parfumée ; trop peu de vinaigre, de citron ou d'assaisonnement.
Que faire : rectifiez : ajoutez du sel, du vinaigre ou du citron.

Goût acide

Pourquoi : excès de vinaigre ou de jus de citron ; manque d'assaisonnement.
Que faire : salez ; ajoutez de l'huile parfumée, par exemple d'olive.

RATTRAPAGE EXPRESS

Lorsque la mayonnaise se dissocie, on peut la reconstituer. Si elle est froide, réchauffez-la à température ambiante au bain-marie. Dans un bol séparé, mettez de la moutarde de Dijon, salez, puis incorporez la mayonnaise dissociée d'abord goutte à goutte puis progressivement en fouettant pour que l'émulsion reprenne.
Nota : avant de poursuivre l'opération, soyez sûr de la reprise de l'émulsion dès les premières gouttes.

VINAIGRETTE

ÉMULSION ET ÉMULSIFIANTS

Une émulsion est formée par l'association de deux liquides qui habituellement se séparent, comme l'huile et le vinaigre, pour former une masse lisse légèrement épaissie. Les sauces émulsionnées sont : la hollandaise, la béarnaise, le beurre blanc, la mayonnaise et la vinaigrette. Plusieurs facteurs facilitent l'émulsion, dont l'addition d'un émulsifiant qui permet la réalisation du mélange : les jaunes d'œufs (hollandaise, béarnaise et mayonnaise), la moutarde (mayonnaise et vinaigrette), les éléments solides du lait présents dans le beurre et la crème (sauces au beurre), les épices et les herbes.

Un autre facteur déterminant est la nécessité de fouetter vigoureusement, pendant qu'on verse un liquide goutte à goutte dans l'émulsifiant. Il est important de réaliser l'émulsion dès le début – l'indice en est un léger épaississement –, on peut ensuite verser le liquide plus rapidement. Un autre facteur consiste à respecter scrupuleusement les proportions, et à employer les ingrédients et les ustensiles à la bonne température (en général ambiante). Il est difficile de faire une mayonnaise avec des œufs sortant du réfrigérateur.

Vinaigrette parfaite

À droite – Légèrement épaisse, bien émulsionnée et lisse ; saveurs équilibrées et assaisonnement franc.

Vinaigrette non émulsionnée

À gauche – Huile et vinaigre dissociés.
Pourquoi : mélange insuffisamment battu ; vinaigrette ayant reposé trop longtemps.
Que faire : vinaigrette utilisable, mais manquant d'homogénéité ; s'il est temps, rétablissez l'émulsion : voir « Rattrapage express ».

PROBLÈMES ET SOLUTIONS

Goût fade

Pourquoi : manque d'assaisonnement ; ingrédients sans saveur.
Que faire : ajoutez des oignons finement hachés, des échalotes, de l'ail, du gingembre frais, du piment, des fines herbes hachées, quelques gouttes de sauce de soja, de sauce Worcestershire, de cognac, de tabasco, ou pour les salades salées-sucrées, de liqueur.

Goût acide

Pourquoi : manque d'assaisonnement ; trop peu d'huile ; vinaigre trop acide ; trop d'oignon, échalote ou ingrédients acides.
Que faire : ajoutez du sel ou du sucre (pour les salades salées-sucrées), de l'huile parfumée (olive).

Goût d'huile

Pourquoi : manque d'assaisonnement, d'ingrédients acides.
Que faire : salez ; ajoutez du vinaigre, du citron ou de la moutarde.

RATTRAPAGE EXPRESS

Lorsque la vinaigrette est liquide ou dissociée, battez vigoureusement à la main ou avec un batteur pour rétablir l'émulsion. En cas d'insuccès, recommencez en vous servant d'une cuillerée à café de moutarde, de yaourt, de crème fraîche ou d'une échalote très finement hachée comme émulsifiant : ajoutez progressivement la vinaigrette dissociée, rétablissez l'émulsion puis versez doucement le reste. Goûtez et rectifiez l'assaisonnement.

SAUCES TOMATE ET AUX LÉGUMES CUITS

Sauce intermédiaire parfaite

Présence de morceaux de tomate, sauce fluide mais consistance épaisse ; couleur rouge profond ; parfums harmonieux et concentrés.

Sauce épaisse parfaite

Sauce réduite jusqu'à évaporation totale ; la cuillère laisse une trace et sépare la masse de la sauce ; parfum intense, ni salé ni acide ; couleur terre cuite.

PROBLÈMES ET SOLUTIONS

Sauce trop liquide

Pourquoi : manque de cuisson ; excès d'ingrédients liquides. Que faire : faites épaissir en réduisant doucement.

Sauce pâteuse

Pourquoi : excès de cuisson. Que faire : opération difficile, ajoutez des ingrédients croquants (concombre, oignon ou tomates hachés), diluez avec du bouillon ou de l'eau et faites cuire de 3 à 5 min.

Sauce acide ou amère

Pourquoi : tomates manquant de maturité ; sauce trop réduite. Que faire : ajoutez 1 ou 2 cuill. à café de sucre ou une pincée de bicarbonate de soude.

RATTRAPAGE EXPRESS

Lorsque votre sauce tomate est épaisse, trop cuite ou fade, ajoutez un des ingrédients suivants, en tenant compte de l'élément principal du plat :

- 10 cl de crème fraîche
- 2 ou 3 tomates épépinées et concassées
- du vin rouge pour rétablir la consistance désirée
- 2 à 3 cuill. à soupe de côte de céleri et/ou d'oignon doux hachés
- du jus de citron, du vinaigre, de la moutarde, des herbes fraîches.

SAUCE LIÉE AUX LÉGUMES

Les liaisons aux légumes sont courantes actuellement, mais elles remontent au Moyen Âge. À cette époque, on ajoutait les légumes et les graines aux ragoûts, un peu comme nous le faisons pour les currys. Puis, pendant des siècles, ce procédé est tombé en désuétude. Il est revenu il y a quelques années, réinterprété dans de nouvelles recettes : la sauce aux poivrons rouges et la concassée de tomates et coriandre.

Les racines et tubercules : oignon, ail, patate douce, ainsi que les légumes à pulpe du type : tomate, potiron, sont parfaits pour les liaisons aux légumes, car ils ajoutent aussi du goût. Les légumes secs : lentilles, haricots de Soissons, etc., sont très efficaces, mais doivent être utilisés avec parcimonie, car ils deviennent rapidement pâteux. Ces sauces conviennent bien aux viandes et volailles en ragoût ou en fricassée. Si vous souhaitez une consistance plus fluide, passez la sauce à la moulinette et ensuite au chinois, pour éliminer les fibres.

SAUCES ET CONCASSÉES AUX LÉGUMES

UNE BONNE CONCASSÉE AUX LÉGUMES CRUS EST CROQUANTE, GOÛTEUSE ET JUTEUSE, AUX BELLES COULEURS – VERT, ROUGE ET JAUNE. ESSAYEZ AVEC LES POISSONS GRILLÉS ET POÊLÉS, LES VIANDES ET VOLAILLES, POUR CHANGER DES SAUCES CRÉMEUSES.

De gauche à droite

Trop liquide
Ingrédients mous, jus au fond du saladier ; couleur terne et goût insignifiant.

Concassée fine parfaite
Ingrédients finement hachés ; parfums vifs et présents.

Concassée parfaite
Ingrédients hachés grossièrement mais suffisamment pour faire un mélangr harmonieux ; goûts des divers ingrédients plus prononcés.

PROBLÈMES ET SOLUTIONS

Trop liquide
Pourquoi : ingrédients très juteux (fruits), mal égouttés ou trop finement hachés ; sauce ayant reposé trop longtemps, sel et sucre ont attiré l'eau contenue dans les légumes.
Que faire : égouttez, ajoutez d'autres légumes hachés grossièrement.

Manque de goût
Pourquoi : manque d'assaisonnement ; ingrédients de mauvaise qualité (tomates et herbes) ; sauce conservée trop longtemps (idéalement : 1 ou 2 h.).
Que faire : ajoutez du jus de citron, du vinaigre, de la sauce de soja, du tabasco, des herbes ; ajoutez un peu de sucre aux tomates.

Goût amer
Pourquoi : présence d'un ingrédient amer (concombre), ingrédients écrasés au lieu de hachés (oignons, herbes).
Que faire : ajoutez du piment, du jus de citron ou de citron vert.

Trop liquide
Pourquoi : ingrédients très juteux (fruits), mal égouttés ou trop finement hachés ; sauce ayant reposé trop longtemps, sel et sucre ont attiré l'eau contenue dans les légumes.
Que faire : égouttez, ajoutez d'autres légumes hachés grossièrement.

Manque de goût
Pourquoi : manque d'assaisonnement ; ingrédients de mauvaise qualité (tomates et herbes) ; sauce conservée trop longtemps (idéalement : 1 ou 2 h.).
Que faire : ajoutez du jus de citron, du vinaigre, de la sauce de soja, du tabasco, des herbes ; ajoutez un peu de sucre aux tomates.

Goût amer
Pourquoi : présence d'un ingrédient amer (concombre), ingrédients écrasés au lieu de hachés (oignons, herbes).
Que faire : ajoutez du piment, du jus de citron ou de citron vert.

Les préparations sucrées

POMMES

Cuisson insuffisante, couleur pâle

Ferme quand on pique ; intérieur dur et opaque quand on coupe ; conserve sa forme, qu'elle soit entière, en tranches ou en morceaux.
Pourquoi : manque de maturité du fruit ; variété ferme ; température de cuisson trop basse ; manque de liquide de cuisson.
Que faire : si les fruits sont secs, arrosez de sirop de sucre, d'eau, de jus de pomme ou d'orange, de vin blanc ; poursuivez la cuisson, augmentez la température si nécessaire.

Cuisson parfaite

Tendre quand on pique ; chair translucide ; morceaux et tranches gardant leur apparence ; en cas de cuisson dans la peau, la chair est gonflée et le fruit reste entier ; couleur claire ou dorée, selon la recette ; saveur acidulée et fraîche.

Cuisson excessive

Fruit mou, désagrégé ; en cas de cuisson à la poêle, bords souvent brûlés ; pommes entières effondrées ; saveurs éteintes (convient à la compote et au coulis).
Pourquoi : variété de pommes inadaptée, morceaux trop petits ou tranches trop fines ; cuisson trop rapide ou trop longue.
Que faire : transformez en compote au mixeur ou passez dans un tamis, parfumez avec un zeste de citron râpé, de la cannelle moulue ou du quatre-épices, du calvados ; si les fruits sont brûlés, arrosez de jus de pomme ou d'orange, de calvados, de porto.

PROBLÈMES ET SOLUTIONS

Manque de goût
Pourquoi : pommes de qualité médiocre ou manquant de maturité ; variété inadaptée ; manque de sucre.
Que faire : ajoutez du sucre, du jus de citron, du calvados ; saupoudrez de sucre et faites caraméliser au four.

Excès d'acidité
Pourquoi : pommes manquant de maturité ; variété inadaptée ; manque de sucre.
Que faire : ajoutez du sucre, du miel, du jus de pomme.

Couleur altérée, fruits ratatinés
Pourquoi : pommes peu juteuses ; délai entre l'épluchage et l'utilisation trop long ; jus de cuisson insuffisant ; cuisson trop rapide.
Que faire : frottez les pommes épluchées avec du citron et coupez en tranches peu de temps avant utilisation ; après cuisson, arrosez généreusement de sirop de sucre, de beurre fondu, de jus de fruit ou d'eau ; nappez de gelée d'abricot. Saupoudrez de sucre et faites caraméliser.

RATTRAPAGE EXPRESS

Saupoudrez les pommes trop cuites ou manquant de goût de noix sucrées et épicées. Faites fondre 30 g de beurre avec 1 cuill. à café de cannelle moulue et 1/2 cuill. à café de gingembre moulu. Ajoutez 70 g d'amandes émondées ou de cerneaux de noix. Faites griller à feu moyen, 5 à 7 min. Enlevez du feu et ajoutez 2 cuill. à soupe de sucre. Étalez sur une plaque à pâtisserie et laissez refroidir. Parsemez-en les pommes avant de servir.
Proportions pour 4 personnes.

POIRES ET COINGS

UNE BONNE POIRE DEVRAIT DÉGOULINER DE JUS. PEU ATTEIGNENT CE DEGRÉ DE PERFECTION, MAIS BEAUCOUP TIENNENT BIEN À LA CUISSON TOUT EN DÉVELOPPANT DES SAVEURS DOUCES ET PARFUMÉES. LE COING REVIENT UN PEU À LA MODE.

Cuisson parfaite

Fruit tendre quand on pique ; chair opaque, l'intérieur n'est pas translucide quand on coupe (la chair du coing reste toujours légèrement granuleuse) ; les morceaux gardent bien leur forme ; couleur claire ou légèrement dorée selon la recette ; parfum de fruit frais (poires) ou puissant (coings). Nota : les tests de cuisson sont les mêmes que pour les pommes (voir ci-contre).

RATTRAPAGE EXPRESS

Lorsque les poires sont fades et trop cuites, relevez avec des parfums énergiques :

- Saupoudrez de poivre fraîchement moulu.
- Nappez de sauce au chocolat chaude (voir p. 124).
- Servez avec une sauce à la menthe rapide : mélangez au mixeur une petite tasse de feuilles de menthe fraîche, 3 cuill. à soupe de vinaigre de framboise et 3 cuill. à soupe de sucre. Ajoutez petit à petit 25 cl de crème fraîche. Servez bien frais.

Proportions pour 4 à 6 personnes.

PROBLÈMES ET SOLUTIONS

Cuisson insuffisante

Pourquoi : fruit manquant de maturité ; variété ferme (poires) ; température de cuisson trop basse ; temps de cuisson trop court ; manque de liquide de cuisson.

Que faire : ajoutez du sirop de sucre, du jus d'orange, du vin blanc ; poursuivez la cuisson, augmentez la température.

Cuisson excessive

Fruits mous, tombant en compote ; fruits entiers effondrés ; saveur de fruit frais disparue.

Nota : degré de cuisson parfait pour les compotes et pâtes de fruits.

Pourquoi : variété inadaptée (poires) ; morceaux trop petits ; cuisson trop rapide ; temps de cuisson trop long.

Que faire : réduisez en compote, parfumez avec zeste de citron, cannelle ou gingembre. Servez avec une glace.

Manque de goût

Pourquoi : fruits manquant de maturité ; manque de sucre ; cuisson trop rapide.

Que faire : poudrez de sucre, arrosez d'alcool de poire. Servez avec du chocolat fondu, du coulis de framboises.

Couleur altérée

Pourquoi : fruits épluchés trop en avance ; insuffisamment immergés ; cuisson insuffisante (cœur brunâtre).

Que faire : décorez de chantilly ; nappez de crème anglaise.

ABRICOTS ET PRUNES

VOUS POUVEZ RENCONTRER LE MEILLEUR – DES FRUITS JUTEUX, PARFUMÉS, AUX BELLES COULEURS CHAUDES – ET LE PIRE – DES ABRICOTS SANS GOÛT, QUI N'ONT JAMAIS VU LE SOLEIL, DES PRUNES ÂPRES ET ACIDES. LES PRUNES SONT RELATIVEMENT FACILES À AMÉLIORER.

Cuisson parfaite

Fruits tendres quand on les pique ; chair translucide ; couleur vive et parfum puissant.

Cuisson pour compote

La chair se défait ; fruits mous ; parfum doux ; couleur légèrement passée.

PROBLÈMES ET SOLUTIONS

Cuisson insuffisante, fruits durs

Pourquoi : manque de maturité ; température de cuisson trop basse ; temps de cuisson trop court.
Que faire : poursuivez la cuisson et ajoutez du liquide.

Cuisson excessive

Pourquoi : fruits trop mûrs ; cuisson trop rapide.
Que faire : nappez les fruits chauds de glace et les fruits froids de rosettes de chantilly ; passez au mixeur ou au tamis et servez en coulis avec une glace, un gâteau ou d'autres fruits : poires pochées (prunes), bananes (abricots).

Texture farineuse

Pourquoi : fruits médiocres ou manquant de maturité.
Que faire : arrosez d'alcool de fruits ; transformez en coulis.

Saveur acide

Pourquoi : manque de maturité ; manque de sucre (prunes).
Que faire : ajoutez du sucre ou du miel.

RATTRAPAGE EXPRESS

Nappez des fruits cuits au four un peu décevants de yaourt épicé : mélangez 1 cuill. à café de cardamome moulue avec 2 yaourts nature et 2 cuill. à soupe de sucre roux. Nappez les fruits de cette sauce et saupoudrez de 3 à 4 cuill. à soupe d'amandes effilées grillées.

NECTARINES ET PÊCHES

LES PÊCHES SONT DÉLICIEUSES FLAMBÉES AU COGNAC, DOUCEMENT MIJOTÉES DANS UN SIROP À LA VANILLE ET AU CITRON, OU CUITES AU FOUR AVEC DU POTIRON CONFIT, DES ZESTES D'AGRUMES ET DU VIN BLANC. LES NECTARINES SONT MOINS BONNES CUITES.

Cuisson parfaite

Fruits tendres quand on les pique mais fermes quand on les soulève ; ils conservent leur apparence ; surface brillante de jus ; chair translucide jusqu'au noyau, couleur claire et agréable ; saveur de fruit frais.

Cuisson excessive, texture farineuse

Les fruits s'effondrent ; jus abondant dans la casserole ; fruits mous, tombant quand on les soulève ; couleur et saveur fades.
Pourquoi : fruits trop mûrs ; morceaux trop petits ou trop fins ; cuisson trop rapide ; temps de cuisson trop long.
Que faire : saupoudrez de noix pilées, de pignons de pin grillés, d'amandes effilées ; voir « Manque de goût ».

PROBLÈMES ET SOLUTIONS

Cuisson insuffisante

Pourquoi : manque de maturité ; température de cuisson trop basse ; temps de cuisson trop court ; manque de liquide de cuisson.
Que faire : ajoutez un sirop, une liqueur, du vin rouge ou blanc, de l'eau ; poursuivez la cuisson, augmentez la température si nécessaire.

Manque de goût

Pourquoi : fruits médiocres ou manquant de maturité ; ou manque de sucre.
Que faire : arrosez de jus de citron, de liqueur de pêche ou d'amaretto, de kirsch ; saupoudrez de zeste de citron râpé, menthe hachée, amandes grillées, noix muscade râpée, girofle ou cannelle.

RATTRAPAGE EXPRESS

Nappez les pêches et nectarines trop cuites, farineuses ou fades d'un crumble croustillant : pour 500 g de fruits, mélangez au mixeur ou avec vos doigts 90 g de beurre, 125 g de farine et 60 g de sucre. Égouttez les fruits, coupez grossièrement et mettez dans un plat à gratin sur une épaisseur de 2,5 cm. Saupoudrez de crumble et faites cuire au four à 230 °C, pendant 25 à 35 min.
Proportions pour 4 personnes.

FRUITS ROUGES

QUE VOUS LES MANGIEZ CRUS OU CUITS, LE DEGRÉ DE MATURITÉ DES FRUITS ROUGES EST IMPORTANT. LEUR TENEUR EN SUCRE VARIE ÉNORMÉMENT SUIVANT LA VARIÉTÉ ET LE DEGRÉ DE MATURITÉ: GOÛTEZ LES FRUITS AVANT DE DÉCIDER DE LEUR UTILISATION.

Cuisson parfaite

Fruits tendres en bouche mais ayant gardé leur apparence; jus abondant; couleur vive; saveur acidulée généralement adoucie par le sucre.

Fruits bien cuits

Très tendres et légèrement réduits en purée; saveur moins acidulée et parfums plus concentrés; couleur plus sombre.
Nota: cuisson parfaite pour les coulis.

PROBLÈMES ET SOLUTIONS

Cuisson insuffisante, fruits durs
Pourquoi: manque de maturité; temps de cuisson trop court.
Que faire: poursuivez la cuisson, augmentez la température si nécessaire.

Cuisson excessive
Pourquoi: fruits trop mûrs; cuisson trop rapide; temps de cuisson trop long.
Que faire: manipulez soigneusement, enlevez tout excédent de jus et épaississez légèrement avec de l'arrow-root ou de la fécule; en cas de surcuisson, réduisez en purée au mixeur et faites un coulis ou une soupe (voir page ci-contre).

Saveur âpre et acide
Pourquoi: manque de maturité; manque de sucre.
Que faire: ajoutez du sucre ou du miel; servez avec de la glace à la vanille, de la crème anglaise ou de la crème fouettée.

Goût et couleur fades
Pourquoi: qualité médiocre ou manque de maturité.
Que faire: rehaussez les parfums avec du sucre roux, du zeste râpé ou du jus d'orange ou de citron, du vinaigre de fruits, du Grand Marnier; du vin rouge ou du porto pour la couleur.

RATTRAPAGE EXPRESS

Transformez les fruits trop cuits en pudding diplomate, nappé de crème fouettée et doré au gril. Coupez 250 g de génoise ou de biscuits à la cuillère en gros morceaux. Mettez dans un moule à soufflé. Couvrez de fruits rouges et laissez reposer jusqu'à ce que les biscuits aient absorbé le jus. Battez fermement 75 cl de crème fraîche et couvrez-en les fruits.
Faites griller très près du gril, pendant 3 à 4 min, jusqu'à ce que la crème soit fluide et dorée. Servez immédiatement.
Proportions pour 4 personnes.

RHUBARBE

Cuisson parfaite

Rhubarbe tendre quand on pique, jus abondant ; les morceaux commencent à se défaire ; couleur vive ; saveur fraîche.

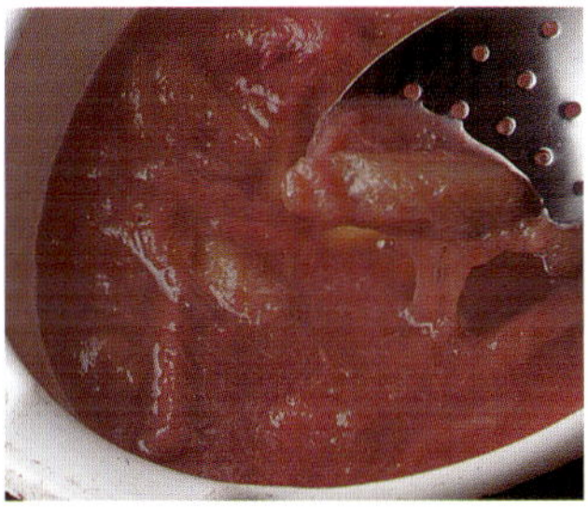

Cuisson excessive

Morceaux ratatinés, qui se défont quand on pique ; jus très abondant ; couleur fade, saveur forte.

Pourquoi : morceaux trop petits ; cuisson trop rapide ; temps de cuisson trop long.

Que faire : réduisez en purée au mixeur ou passez dans un tamis épais et parfumez avec des liqueurs fruitées, du gingembre confit haché ; utilisez en coulis ou en sorbet.

AUTRE PROBLÈME

Excès d'acidité

Pourquoi : manque de maturité ; manque de sucre.

Que faire : ajoutez du sucre, du miel, de la confiture.

RATTRAPAGE EXPRESS

Lorsque la rhubarbe est trop cuite ou désagréablement acide, ajoutez 175 g de macarons ou de meringues pilés à 50 cl de fruits cuits. Battez au fouet 15 cl de crème fraîche. Mettez les fruits dans un plat à gratin et couvrez de crème. Servez froid. Proportions pour 4 à 6 personnes.

BANANES

Cuisson parfaite

Chair tendre mais le fruit garde son apparence ; couleur dorée ou caramel, selon la recette ; saveur pleine et douce.

PROBLÈMES ET SOLUTIONS

Cuisson insuffisante, fruits durs

Pourquoi : manque de maturité ; variété inadaptée ; température de cuisson trop basse ; temps de cuisson trop court ; manque de liquide de cuisson.

Que faire : arrosez de jus d'orange, de nectar d'abricot, d'eau ; poursuivez la cuisson, augmentez la température si nécessaire.

Cuisson excessive, fruits pâteux

Pourquoi : fruits trop mûrs ; morceaux trop petits ou tranches trop fines ; cuisson trop rapide ; temps de cuisson trop long.

Que faire : recouvrez les bananes d'une ou plusieurs des préparations suivantes : amandes effilées grillées, noix de coco grillée, gâteaux secs au chocolat émiettés, fraises émincées, yaourt nature.

RATTRAPAGE EXPRESS

Nappez les bananes sèches, trop cuites ou pâteuses, de la sauce suivante : mélangez en fouettant dans un bol 4 cuill. à soupe de jus de citron vert, 1 cuill. à soupe de gingembre finement haché et 2 cuill. à soupe de sucre roux, puis, petit à petit, 25 cl de crème fraîche. Proportions pour 4 personnes.

FIGUES

NOS GRANDS CUISINIERS ACTUELS ADORENT LES FIGUES : ELLES ONT UNE JOLIE FORME ET UNE CHAIR D'UN BEAU ROSE SOMBRE. LES PLATS À LA MODE SONT LES MÉDAILLONS DE PORC ET FIGUES AU VIN ROUGE ET LE FOIE GRAS ET FIGUES RÔTIES.

Cuisson parfaite

Fruit souple mais ayant gardé son apparence ; tendre quand on pique avec un couteau ; fruits rendant leur jus ; saveur douce.

PROBLÈMES ET SOLUTIONS

Cuisson insuffisante, fruit sec

Pourquoi : manque de maturité ; température de cuisson trop basse ; cuisson trop courte ; manque de jus.

Que faire : ajoutez du liquide et poursuivez lacuisson jusqu'à ce que les fruits rendent du jus ; augmentez la température.

Cuisson excessive

Pourquoi : fruits trop mûrs ; température de cuisson trop élevée ; cuisson trop longue.

Que faire : ravivez en saupoudrant d'un mélange de noix pilées, de zeste d'orange râpé et de sucre roux ; dans les plats salés, remplacez le sucre par du céleri.

Manque de goût, fruits farineux

Pourquoi : manque ou excès de maturité ; cuisson excessive.

Que faire : aspergez de vinaigre balsamique, saupoudrez de miettes de fromage de chèvre ou d'un fruit acidulé : framboises ou fruits de la Passion.

RATTRAPAGE EXPRESS

Faites gratiner les figues trop cuites ou fades avec du sucre roux et du clou de girofle en poudre : pour 250 g de figues, mélangez 2 cuill. à soupe de sucre et 1/4 de cuill. à café de clou de girofle en poudre. Mettez les figues dans un plat à gratin, saupoudrez du mélange et faites caraméliser pendant 3 à 4 min.

Proportions pour 2 personnes.

BEIGNETS DE FRUITS

Cuisson parfaite

Beignet blonds à dorés, croustillants et légers une fois égouttés ; fruits régulièrement enrobés de pâte ; saveur du fruit présente, chair tendre ou ferme, mais ni humide ni molle.

De gauche à droite

Cuisson insuffisante

Enveloppe pâle et molle quand le beignet est égoutté ; intérieur cru et saturé de matière grasse quand on coupe.

Cuisson parfaite

Enveloppe croustillante et dorée ; intérieur tendre.

Enveloppe désagrégée

Cuisson irrégulière, enveloppe se détachant par endroits ; fruit mal enrobé et partiellement brûlé.

PROBLÈMES ET SOLUTIONS

Cuisson insuffisante

Pourquoi : température de cuisson trop basse, souvent trop de beignets dans la friture ; morceaux trop gros ; temps de cuisson trop court.
Que faire : enlevez les beignets, chauffez l'huile à 190 °C et refaites frire jusqu'à ce que les fruits soient doréset croustillants.

Enveloppe désagrégée

Pourquoi : pâte trop fluide ; t° de cuisson trop basse, trop de beignets dans la friture.
Que faire : il n'y a rien à faire ; ajoutez de la farine à la pâte pour la série suivante.

Cuisson excessive, beignets lourds

Pourquoi : temps de cuisson trop long ; cuisson trop rapide ; pâte trop épaisse.
Que faire : arrosez de jus de citron, saupoudrez de sucre glace ; servez avec un coulis de framboises, d'agrumes ou d'autres fruits acidulés.

Beignets détrempés

Pourquoi : fruits inadaptés ou trop mûrs ; beignets mal égouttés ; cuisson insuffisante ; pâte contenant trop d'eau ; beignets ayant attendu avant d'être servis ; ramollis par un excès de jus de citron ou de sucre.
Que faire : gardez les beignets au chaud dans le four ouvert et servez dans les 15 min qui suivent ; arrosez ou saupoudrez juste avant de servir.

RATTRAPAGE EXPRESS

Quelques idées rapides :

- Mélangez au mixeur 2 cuill. à soupe de noix ou d'amandes blanchies entières ou effilées et 2 cuill. à soupe de sucre roux. Répartissez sur les beignets.
- Faites une sauce acidulée dans laquelle vous tremperez les beignets : mélangez 6 cuill. à soupe de vin blanc, 2 cuill. à soupe de jus de citron et 2 cuill. à soupe de miel. Ajoutez 2 cuill. à soupe de framboises concassées, de cerises ou airelles séchées et hachées.

Proportions pour 4 personnes.

CONFITURES DE FRUITS

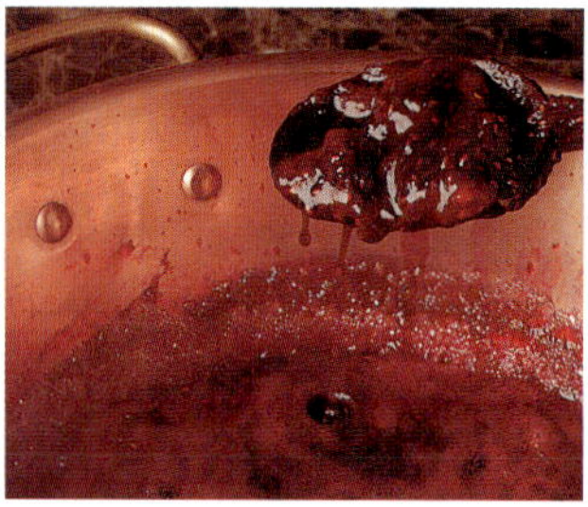

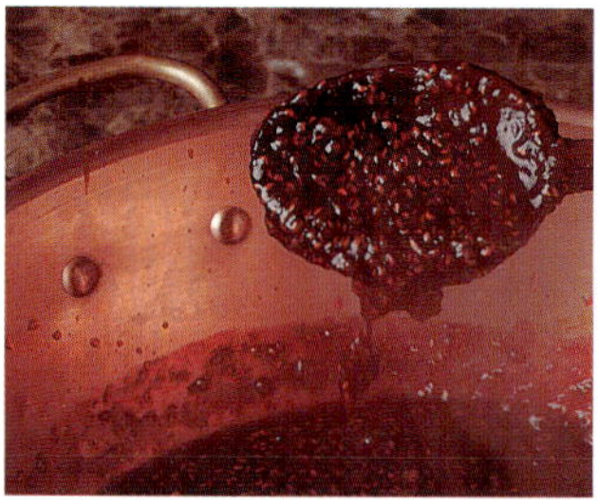

Cuisson insuffisante

Confiture liquide formant une mousse ; thermomètre à sirop indiquant moins de 106 °C.
Pourquoi : temps de cuisson trop court ; température trop basse.
Que faire : poursuivez la cuisson aussi rapidement que possible.

Cuisson parfaite

La confiture tombe en gouttes régulières de la cuillère sur une assiette froide, prend en 3 à 5 s lorsqu'on touche avec le doigt ; bouillonnement lent, disparition de la mousse ; thermomètre à sirop indiquant 106 °C ; couleur profonde, saveurs pleines : bon équilibre entre acidité, fruit et sucre.

Cuisson excessive

Confiture sombre et collante, adhérant à la cuillère ; thermomètre indiquant plus de 106 °C ; nuance brunâtre ; saveur puissante à fort goût de caramel.
Pourquoi : temps de cuisson trop long ; cuisson trop lente ; si elle a attaché, elle n'a pas été assez remuée.
Que faire : il y a peu de solutions. Voir « Rattrapage express ».

PROBLÈMES ET SOLUTIONS

Confiture liquide
Pourquoi : manque de pectine, d'acidité, de sucre ; cuisson insuffisante, trop lente.
Que faire : si elle est légèrement liquide, laissez les pots découverts dans un endroit ensoleillé pendant quelques jours pour qu'elle s'évapore ; si elle est liquide, utilisez de suite ; si elle est très liquide, refaites cuire à 110 °C.

Confiture trop ferme
Pourquoi : cuisson excessive ; trop de pectine ; fruits fibreux.
Que faire : utilisez en coulis ou pour fourrer un gâteau.

Goût fade ou plat
Pourquoi : fruits médiocres ou trop mûrs ; fruits un peu fades du type figue ; trop de pectine et cuisson insuffisante ; cuisson trop lente ou trop longue ; trop de sucre.
Que faire : pendant qu'elle est chaude, ajoutez : jus de citron, alcool ou liqueur, herbes aromatiques : menthe, thym, romarin (haché ou en branches), épices : gingembre ou cannelle moulue.

Goût acide ou amer
Pourquoi : fruits médiocres ou manquant de maturité ; manque de sucre ; confiture brûlée.
Que faire : en cas d'acidité, enlevez du feu, ajoutez du sucre ou du miel, mélangez et faites bouillir ; en cas d'amertume ou de goût de brûlé, il n'y a rien à faire.

Couleur fade ou terne
Pourquoi : fruits médiocres ou manquant de maturité ; quantité de fruits insuffisante ; cuisson trop lente ou trop longue ; conservée dans un endroit chaud ; pot mal fermé (couche brune en surface).
Que faire : utilisez pour parfumer des fruits frais ou en coulis, avec d'autres ingrédients colorés.

RATTRAPAGE EXPRESS

Si votre confiture est épaisse ou fade, ajoutez juste avant de servir des framboises, des mûres ou des pêches fraîches coupées en morceaux, ainsi que quelques cuillerées à soupe de liqueur de framboise ou de fraise pour rehausser le goût.

GELÉES DE FRUITS

LA GELÉE SE FAIT À PARTIR DE JUS DE FRUITS CUITS, QUE L'ON FAIT BOUILLIR AVEC DU SUCRE. LES FRUITS DOIVENT ÊTRE PARFUMÉS ET AVOIR UNE BELLE COULEUR – LES CASSIS, GROSEILLES ET FRAMBOISES CONVIENNENT PARFAITEMENT.

Cuisson insuffisante, gelée terne

Gelée trop liquide, coulant dans l'assiette ; gelée fluide et opaque, sans transparence.

Gelée parfaite

Quelques gouttes de gelée versées sur une assiette froide figent en 3 à 5 s, lorsqu'on passe le doigt ; le thermomètre indique 106 °C ; bouillonnement lent ; la mousse disparaît de la surface ; couleur franche ; bonne saveur de fruit et bon équilibre entre acidité et sucre.

Cuisson excessive

Gelée sombre, collante, trop épaisse pour couler dans l'assiette ; en cas de surcuisson, goût de caramel.

PROBLÈMES ET SOLUTIONS

Cuisson insuffisante

Pourquoi : temps de cuisson trop court ; température de cuisson trop basse.
Que faire : poursuivez la cuisson aussi rapidement que possible.

Cuisson excessive

Pourquoi : temps de cuisson trop long ; cuisson trop lente ; en cas de caramélisation, pas assez remuée.
Que faire : il n'y a rien à faire.

Gelée trouble

Pourquoi : jus obtenu à partir de fruits écrasés.
Que faire : si elle est cuite, enlevez du feu et ajoutez des herbes : menthe, verveine citronnée ou basilic.
Voir également « Rattrapage express ».

RATTRAPAGE EXPRESS

Lorsque la gelée est fade ou terne, mettez quelques feuilles d'herbe aromatique fraîches dans le pot, versez la gelée chaude et fermez. Le parfum de l'herbe embaumera tout le pot. Je suggère : laurier, verveine citronnée, menthe, romarin, sauge et thym.

CRÈME FOUETTÉE

Crème parfaite pour les mélanges

Crème légère tenant entre les branches du fouet ; couleur crème pâle.

Crème parfaite pour les décorations à la douille

Crème mousseuse, ferme, tenant bien entre les branches du fouet ; couleur crème soutenue.

Crème se transformant en beurre

Crème granuleuse, présence de petit-lait ; couleur jaunâtre liée à la présence de fragments de beurre.

Pourquoi : crème battue trop longuement, matières grasses figées ; crème, bol et fouet insuffisamment refroidis ; teneur en matière grasse faible ; addition d'un ingrédient acide du type citron.

Que faire : il n'y a rien à faire pour rattraper la crème, mais vous pouvez faire du beurre. Voir « Rattrapage express ».

PROBLÈMES ET SOLUTIONS

Trop liquide

Pourquoi : teneur en matière grasse faible ; crème insuffisamment battue ; crème trop battue et sur le point de se dissocier ; crème ayant reposé et naturellement liquéfiée.

Que faire : continuez à battre pour raffermir, attention aux traces jaunâtres signalant la transformation en beurre.

Goût fade

Pourquoi : qualité de crème médiocre ; crème stérilisée ; teneur en matière grasse faible ; manque de parfum.

Que faire : pour les plats salés : ajoutez du sel, du poivre blanc, du cognac, des épices en poudre : cardamome ou cannelle ; pour les desserts : ajoutez du sucre, de la vanille, du cognac, du café en poudre, une liqueur du type Grand Marnier.

RATTRAPAGE EXPRESS

Si la crème fige, vous pouvez en faire du beurre : continuez à battre jusqu'à formation de gros grumeaux, pendant 1 à 2 min. Prenez le beurre avec une écumoire, mettez-le dans l'eau froide et travaillez-le avec vos mains pour en extraire le petit-lait jusqu'à former une masse uniforme, pendant 1 à 2 min. Faites sécher sur du papier absorbant. Si vous le souhaitez, saupoudrez de 1/2 cuill. à café de sel. Donnez la forme d'une jolie motte, emballez et mettez au frais. 50 cl de crème à 40 % de matière grasse donnent environ 150 g de beurre.

BLANCS EN NEIGE

POUR BIEN BATTRE LES BLANCS D'ŒUFS EN VUE D'OBTENIR UNE MASSE UNIFORME, LISSE ET LÉGÈRE, IL FAUT UN BON FOUET BIEN ROND ET BATTRE DE FAÇON RÉGULIÈRE EN AUGMENTANT LA VITESSE AU FUR ET À MESURE QUE LES BLANCS DEVIENNENT MOUSSEUX.

Neige fluide

Tient mal entre les branches du fouet.
Pourquoi : blancs insuffisamment fouettés ; présence d'eau ou de jaune d'œuf ; récipient et blancs trop froids ; œufs trop frais ; blancs battus trop lentement.
Que faire : ajoutez une pincée de sel, de bitartrate de potassium et continuez à battre ; en cas d'échec, chauffez le récipient pendant 30 à 40 secondes à feu doux, en battant.

Neige parfaite

Blancs fermes tenant nettement entre les branches du fouet ; neige lisse, apparence mate, neige adhère aux parois du récipient ; aucune trace de grumeaux ; on peut retourner le bol sans renverser les blancs.

Neige dissociée

Consistance granuleuse, surtout aux bords ; blancs se détachent des parois et tiennent mal entre les branches du fouet.
Pourquoi : blancs battus trop longuement ; récipient en verre ou faïence plutôt que métal ; blancs battus trop lentement ; battus irrégulièrement ; neige ayant reposé avant d'être utilisée.
Que faire : faites une meringue légère en ajoutant 1 cuill. à soupe de sucre par blanc d'œuf et battez jusqu'à obtention d'un mélange lisse et brillant, pendant environ 1 min. Voir également « Rattrapage express ».

PROBLÈMES ET SOLUTIONS

Manque de volume

Pourquoi : blancs battus trop lentement ; quantité de blancs insuffisante ; blancs trop frais.
Que faire : voir « Neige fluide ».

Couleur grisâtre ou verdâtre

Pourquoi : récipient en cuivre mal lavé ; blancs ayant séjourné trop longuement dans le récipient.
Que faire : jetez, les blancs sont devenus toxiques.

RATTRAPAGE EXPRESS

Lorsque les blancs en neige sont dissociés : pour 2 blancs, ajoutez 1 blanc, battez vigoureusement jusqu'à ce que le mélange soit mousseux et lisse, pendant environ 45 s.
Utilisez immédiatement.

MERINGUES

Meringue ordinaire parfaite

Mélange ferme et brillant ; tient bien entre les branches du fouet ; aucune trace de dissociation le long des parois.

Meringue italienne parfaite

Très ferme et brillante, avec un reflet irisé ; consistance dense, tient très bien entre les branches du fouet.

Meringues suintant sur les bords

Présence d'un liquide sirupeux autour des meringues ; croûte gonflée et éclatée par endroits ; intérieur collant et manquant de légèreté.

Pourquoi : blancs trop ou insuffisamment battus après l'addition de sucre ; manque de sucre ; cuisson insuffisante ; meringues conservées dans une atmosphère humide.

Que faire : séchez les meringues à four très doux, pendant plusieurs heures ; conservez dans une boîte hermétique.

Cuisson parfaite

Meringue blanche ou d'un crème très pâle ; coloration uniforme ; intérieur léger mais cuit, extérieur craquant.

Meringues trop blondes

Surface couleur café au lait, bords brûlés ; intérieur pâle et souvent collant.

Pourquoi : température de cuisson trop forte ; temps de cuisson trop long.

Que faire : enlevez les parties brûlées et utilisez pour des préparations où la couleur importe peu. Pour les meringues individuelles, saupoudrez de pépites de chocolat noir ou trempez les petites meringues dans du chocolat fondu. Ou encore saupoudrez de sucre glace ou de noix de coco.

PROBLÈMES ET SOLUTIONS

Meringues irrégulières, consistance granuleuse

Pourquoi : utilisation de sucre cristallisé ; œufs insuffisamment battus ; meringues peu battues après l'addition de sucre.

Que faire : voir « Rattrapage express ».

Intérieur des meringues collant

Pourquoi : meringues insuffisamment battues après l'addition de sucre ; cuisson insuffisante ; cuisson trop rapide.

Que faire : ne vous inquiétez pas, les meringues collantes sont souvent appréciées.

RATTRAPAGE EXPRESS

Pour améliorer vos meringues :

- Émiettez les meringues, servez en couches alternées avec des fruits frais et de la crème parfumée à l'extrait de vanille.
- Émiettez les meringues, nappez de fraises coupées en morceaux puis d'un sabayon (p. 121) parfumé au Grand Marnier et au zeste d'orange râpé.

CRÈMES CUITES

LE MÉLANGE DE TROIS INGRÉDIENTS SIMPLES : ŒUFS, LAIT ET SUCRE, AUQUEL ON AJOUTE UN PARFUM PERMET LA CONFECTION D'UN NOMBRE ÉTONNANT DE CRÈMES CUITES. CRÈMES CARAMEL, VANILLE, CAFÉ, CHOCOLAT OU AGRUMES OU ENCORE CRÈME BRÛLÉE…

Crème molle et liquide

La brochette piquée dans la crème ressort humide ; lorsqu'on remue, la crème tremble.
Pourquoi : temps de cuisson trop court ; température de cuisson trop basse ; manque d'œufs ; l'eau du bain-marie a débordé dans les moules.
Que faire : poursuivez la cuisson ; si la quantité d'œufs est insuffisante ou que l'eau a débordé, il n'y a rien à faire. Servez avec des fruits rouges. Voir « Rattrapage express ».

Cuisson parfaite

La brochette piquée dans la crème ressort propre ; lorsqu'on remue le pot, la crème est légèrement figée ; texture lisse et crémeuse ; couleur claire ou d'un jaune profond selon la quantité de jaunes ; saveur délicate et riche.
Nota : les crèmes plus fermes comme la crème caramel gardent leur forme quand on les démoule.

Crème figée

Crème très ferme ; la brochette ressort propre ; bords brûlés ; surface marquée de bulles ; texture grossière.
Pourquoi : temps de cuisson trop long ; feu trop fort.
Que faire : nappez de coulis de fruits, de sauce chocolat ou caramel ; saupoudrez de pralin, de caramel pilé ou de gâteaux émiettés.

PROBLÈMES ET SOLUTIONS

Crème fade à goût d'œuf

Pourquoi : manque d'arômes ; manque de sucre (en cas de goût d'œuf) ; lait insuffisamment infusé.
Que faire : nappez de miel fondu, de sirop d'érable ou de gelée de fruits acidulés. Voir aussi « Rattrapage express ».

RATTRAPAGE EXPRESS

Laissez la crème qui vous paraît ratée dans le moule. Saupoudrez largement de chocolat noir râpé. Si vous aimez, nappez de compote de pommes ou de crème Chantilly et saupoudrez d'un peu de chocolat râpé.

CLAFOUTIS

Cuisson insuffisante, clafoutis dense

Clafoutis plat et pâle; goût de pâte.
Pourquoi: cuisson trop lente; temps de cuisson trop court; excès de farine.
Que faire: saupoudrez de sucre et faites caraméliser; accompagnez de crème anglaise ou d'un coulis de fruits cuits (voir pp. 119 et 123).

Cuisson parfaite

Clafoutis léger, intérieur moelleux et bords croustillants; dessus et fond dorés, bords caramélisés; saveurs riches.

RATTRAPAGE EXPRESS

Si votre clafoutis est fade ou dense, arrosez de cognac ou de rhum pendant qu'il est chaud – l'alcool se dissipe par évaporation et pénètre la pâte. Vous pouvez également arroser de jus de citron ou d'orange.

AUTRE PROBLÈME

Goût fade

Pourquoi: manque de parfums; manque de sucre; cuisson insuffisante.
Que faire: servez avec un coulis de fruits cuits (voir p. 123).

MOULES À CLAFOUTIS ET PUDDINGS

Le moule fait partie intégrante du plat, non seulement parce que c'est dans le moule qu'on le sert, mais aussi parce qu'il en modifie la cuisson. Les puddings cuits à la vapeur réussissent mieux dans des moules épais isolant bien la pâte, de sorte que la chaleur pénètre lentement et garde à la pâte tout son moelleux. Le plus classique est le moule à Christmas pudding, en forme de cône tronqué, cher aux Anglo-Saxons.

Les puddings au riz et aux céréales du type semoule se cuisent également dans des plats en terre car une cuisson longue et lente est le secret de leur réussite. On utilise généralement un plat creux, du type plat à gratin, moule à manqué ou à flan en céramique. Les flans (aussi bien salés que sucrés) sont à base de crème cuite et doivent leur consistance riche et crémeuse à une cuisson lente, dans un moule en terre ou en porcelaine à feu, au bain-marie.

Les crèmes que l'on sert démoulées, comme les crèmes caramel, se cuisent dans de petits ramequins individuels (s'ils sont trop grands, la crème s'effondre au démoulage). Certaines crèmes cuites ont leurs moules particuliers: les jolis pots à couvercle conçus pour les pots de crème et les cassolettes basses utilisées pour les crèmes brûlées qui donnent à la crème une belle surface dorée et caramélisée.

Pour les puddings au pain, le principe est différent. L'objectif est d'obtenir une belle croûte dorée dans un moule métallique. Ce dernier peut être relativement mince (pensez à la charlotte aux pommes), mais je suis une fervente adepte de la fonte, qui diffuse plus régulièrement la chaleur forte.

Tous ces moules ont des formes simples, sans angles aigus dans lesquels la pâte pourrait éventuellement coller. Pour les entremets qui contiennent de la gélatine le principe est différent: le mélange n'est pas cuit et doit reposer au froid pendant un certain temps.

RIZ AU LAIT

LES GÂTEAUX DE RIZ ET CÉRÉALES CUISENT SUR LE DESSUS DE LA CUISINIÈRE OU TRÈS DOUCEMENT AU FOUR. ILS ABSORBENT QUATRE OU CINQ FOIS LEUR VOLUME DE LIQUIDE (EN GÉNÉRAL DU LAIT), TOUT EN RESTANT FERMES ET GONFLÉS.

Cuisson insuffisante, entremets fluide

Riz liquide, pauvre, grains fermes ; saveurs inexistantes.
Pourquoi : temps de cuisson trop court ; température trop basse ; grain inadapté au mode de cuisson.
Que faire : poursuivez la cuisson, augmentez la température si nécessaire ; juste avant de servir, incorporez un jaune ou un œuf entier.

Cuisson parfaite

Liquide absorbé ; mélange crémeux se présentant comme une sauce légèrement épaisse ; après cuisson, formation d'une peau dorée ; grains moelleux en bouche ; saveur présente et forte.

Cuisson excessive, entremets épais

Riz collant, se détachant difficilement de la cuillère ; grains de riz éclatés ; en cas de cuisson au four, apparence fripée ; pâteux, sans goût.
Pourquoi : cuisson trop longue ; manque de liquide ; mélange trop remué, surtout en fin de cuisson.
Que faire : si les grains sont intacts, ajoutez du liquide et réchauffez doucement. Si les grains ont éclaté, servez avec de la crème fraîche, de la crème fouettée ou une crème anglaise. Lorsqu'il est froid, le riz au lait épais fait d'excellentes croquettes (voir « Rattrapage express » pour le riz pilaf, p. 69).

PROBLÈMES ET SOLUTIONS

Présence de filaments coagulés
Pourquoi : ingrédients acides : citron, mélasses ; température de cuisson trop élevée ; lait tourné.
Que faire : ajoutez 1 à 2 cuill. à soupe de Maïzena diluée dans 4 à 5 cuill. à soupe de lait ou d'eau et faites frémir jusqu'à épaississement.

Goût fade
Pourquoi : manque de parfum ; manque de sucre.
Que faire : ajoutez du sucre ou du miel aux entremets à la vanille, ou du zeste râpé de citron ou d'orange, de la cannelle, de la noix muscade en poudre.

Entremets attaché
Pourquoi : insuffisamment remué, surtout en fin de cuisson ; température de cuisson trop élevée.
Nota : le mélange de sucre et de lait attache facilement.
Que faire : changez de casserole sans toucher au fond de la précédente ; parfumez avec des raisins ou abricots secs, du zeste de citron râpé, de la girofle, de la cannelle, du quatre-épices, de la menthe. Si le fond a brûlé, il n'y a rien à faire.

RATTRAPAGE EXPRESS

Si le gâteau de riz ou de céréales est fade, nappez d'une couche épaisse de sucre roux et passez sous le gril pour caraméliser.

BEIGNETS

EN RÉALITÉ, TOUTES LES PÂTES PEUVENT ÊTRE UTILISÉES EN BEIGNETS : LA PÂTE À CHOUX (PETS-DE-NONNE), LA PÂTE FEUILLETÉE (STRAUBEN ALLEMANDS), LA PÂTE SABLÉE (BEIGNETS À L'AMÉRICAINE, BUGNES, CHURROS ESPAGNOLS), LA PÂTE À PAIN (DOUGHNUTS).

Couleur pâle et beignets mous
À gauche – Beignets (ici choux) gonflés, mais quand on les ouvre, ils sont épais et gras ; couleur à peine dorée et irrégulièrement répartie.

Cuisson parfaite
Au centre – Beignets dorés et croustillants à l'extérieur, creux à l'intérieur.

Beignets peu gonflés
À droite – Beignets petits, lourds dans la main et souvent brun foncé ; pâte crue à l'intérieur.

Cuisson parfaite
Beignets (ici choux) ont une taille régulière, sont gonflés et dorés ; toutes les variétés sont légères et croustillantes, sans excédent de matière grasse.

PROBLÈMES ET SOLUTIONS

Couleur pâle, beignets mous

Pourquoi : temps de cuisson trop court ; température de l'huile trop basse ; pâte humide.
Que faire : refaites frire les beignets : égouttez-les soigneusement, chauffez l'huile à 190 °C et faites frire jusqu'à ce qu'ils soient dorés et croustillants ; ou bien coupez-les en deux et mettez-les à four chaud pendant 4 à 5 min.

Beignets peu gonflés

Pourquoi : pâte épaisse, manque d'œufs ou d'agent levant ; huile trop chaude.
Que faire : servez avec du miel, de la confiture fondue ou un coulis de fruits ; les beignets un peu épais sont bons avec une crème glacée.

RATTRAPAGE EXPRESS

Pour sauver des beignets ratés, coupez-les en deux et posez-les sur une plaque à pâtisserie couverte de papier absorbant. Faites chauffer pendant 3 à 5 min à four doux. Fourrez-les de confiture de fruits acides ou de gelée pour atténuer le côté trop riche.

CARAMEL

Caramel blond

Sirop légèrement coloré, couleur blond pâle lorsqu'on incline la casserole : le thermomètre indique 160 °C.

Caramel ambré

Sirop foncé, marron au fond de la casserole ; commençant à fumer ; le thermomètre monte à 165-175 °C.

Caramel brûlé

Sirop noir, fumée épaisse et âcre.
Pourquoi : cuisson trop longue ; masse très chaude et la cuisson se poursuit hors du feu.
Que faire : il n'y a rien à faire, recommencez.

PROBLÈMES ET SOLUTIONS

Caramel trop clair
Pourquoi : temps de cuisson trop court.
Que faire : portez à ébullition sans remuer et faites cuire jusqu'à bonne coloration.

Sirop cristallisé
Pourquoi : sirop porté à ébullition avant dissolution du sucre ; sirop remué en cours d'ébullition ; formation de cristaux sur les parois de la casserole incorporés au sirop.
Que faire : voir « Rattrapage express ».

Caramel figé
Pourquoi : caramel trop rapidement refroidi avant utilisation.
Que faire : s'il est figé, faites fondre à feu doux ; maintenez chaud et fluide en trempant la casserole dans de l'eau chaude.

Caramel collant
Pourquoi : caramel ayant absorbé l'humidité de l'air.
Que faire : rien ! Utilisez-le le plus vite possible.

RATTRAPAGE EXPRESS

Si le sucre cristallise avant de caraméliser, ajoutez une cuillerée à soupe de miel et remuez la casserole pour mélanger. Si la cristallisation se poursuit, enlevez du feu et laissez refroidir légèrement. Ajoutez un peu d'eau, remuez pour dissoudre les cristaux et prolongez l'ébullition sans remuer. Si les cristaux ont formé une masse compacte, recommencez l'opération.

CUISSON DU SUCRE

L'ébullition du sirop de sucre entraîne l'évaporation de l'eau qu'il contient. On mesure les degrés de cuisson avec un thermomètre ou à la main. Un degré ou deux de différence peuvent rendre le caramel inutilisable.

Trempez le bout d'une cuillère à café dans le sirop et retirez une goutte que vous trempez immédiatement dans un bol d'eau glacée. Malaxez la goutte de sucre entre le pouce et l'index.

- lorsqu'en écartant vos doigts il forme un fil, le sirop est cuit au filet (110 °C) et utilisé pour la fabrication des pâtes de fruits ;
- lorsqu'il forme une boule souple, il est cuit au petit boulé (115 °C) et utilisé pour le fondant, la crème au beurre et les fudges ;
- lorsqu'il forme une boule ferme, il est cuit au grand boulé (120 °C) et utilisé pour la meringue italienne et la pâte d'amandes ;
- lorsqu'il est cassant et colle aux dents, il est cuit au petit cassé (125 °C) et utilisé pour la fabrication du nougat, de certains caramels et bonbons au caramel.

GANACHE

LA GANACHE EST COMPOSÉE DE CHOCOLAT FONDU AVEC DE LA CRÈME, SOIT EN VERSANT LA CRÈME BOUILLANTE SUR LE CHOCOLAT, SOIT EN FAISANT FONDRE LE CHOCOLAT EN MORCEAUX DANS LA CRÈME. LA SAVEUR DÉPEND DE LA QUALITÉ DU CHOCOLAT.

Ganache parfaite pour les nappages et décors à la poche à douille

Brillante et lisse ; donne de beaux résultats à la poche à douille et facile à étaler ; saveur douce et intense ; la couleur dépend de la qualité de chocolat.

Ganache parfaite pour le façonnage

Sombre, malléable et suffisamment ferme pour conserver la forme qu'on lui donne ; saveur intense.

Présence de grumeaux

À gauche – La ganache reste liquide, même froide, avec des grumeaux dans le fond.

Pourquoi : crème insuffisamment chaude et chocolat irrégulièrement fondu.

Que faire : chauffez au bain-marie, et remuez pour lisser le mélange, laissez refroidir.

PROBLÈMES ET SOLUTIONS

Épaisse et granuleuse

Pourquoi : chocolat insuffisamment fondu ; manque de crème et ganache figée.

Que faire : si elle est figée, ajoutez au fouet quelques cuillerées de crème ; ajoutez des noix pilées pour dissimuler la texture granuleuse.

RATTRAPAGE EXPRESS

Si la ganache est fade, ajoutez au fouet quelques cuillerées à café de cognac, du zeste d'orange râpé et du sucre. Prenez soin de ne pas trop ramollir le mélange. Si votre ganache vous paraît amère, ajoutez 1 ou 2 cuill. de cannelle en poudre. Si la ganache est fade alors que les truffes ont été façonnées, mélangez de la cannelle ou du sucre au cacao destiné à l'enrobage.

MOUSSE AU CHOCOLAT

LA MOUSSE AU CHOCOLAT EST L'UN DES PREMIERS DESSERTS QUE J'AI RÉALISÉS LORSQUE J'ÉTAIS ENFANT. ELLE ÉTAIT CONSTITUÉE DE CHOCOLAT FONDU ET DE BLANCS D'ŒUFS BATTUS EN NEIGE SANS AUCUN AUTRE PARFUM SUPPLÉMENTAIRE.

Mousse parfaite

Texture lisse, légère et riche, prise mais pas collante ; couleur marron brillant ; saveur douce.

Mousse dissociée

Texture granuleuse et ferme, présence de fragments de blanc d'œuf ; présence de liquide au fond du plat ; couleur terne.
Pourquoi : œufs ou crème incorporés alors que le chocolat était chaud ; mélange trop travaillé ; mousse conservée trop longtemps – après quelques heures, le mélange peut se dissocier légèrement mais néanmoins rester léger.
Que faire : saupoudrez de noix pilées, d'amandes grillées ou de macarons écrasés ; pour alléger, servez avec de la crème fouettée ou de la crème anglaise éventuellement parfumée à la menthe.

PROBLÈMES ET SOLUTIONS

Mousse ne devient pas ferme

Pourquoi : chocolat fondu dans trop de liquide ; blancs d'œufs ou crème incorporés alors que le chocolat était chaud ; temps de refroidissement trop court.
Que faire : mettez au congélateur et transformez en parfait au chocolat.
Voir également « Rattrapage express ».

RATTRAPAGE EXPRESS

Lorsque la mousse ne prend pas, ou que vous êtes pressé, transformez-la en sauce au chocolat :

- Nappez-en une glace à la vanille.
- Faites des couches alternées de mousse, de quartiers d'orange ou de poire dans des coupes à pied et décorez avec un zeste d'orange confite ou une feuille de menthe.
- Servez comme sauce pour y tremper des fraises.
- Faites un gâteau roulé (p. 109) et fourrez-le avec cette mousse.

FONDANT AU CHOCOLAT

ON RÉALISE EN GÉNÉRAL LE FONDANT AVEC DU CHOCOLAT AMER, MAIS ON PEUT ALTERNER DES COUCHES DE CHOCOLAT AU LAIT OU BLANC. LE MÉLANGE EST LIÉ AU BEURRE OU AUX ŒUFS ET VOUS POUVEZ Y INCORPORER DES NOIX OU DE LA PURÉE DE MARRONS.

Fondant parfait

Lisse, texture dense, fond dans la bouche ; suffisamment ferme pour être tranché ; couleur dépend de la qualité de chocolat utilisée ; goût de chocolat intense avec présence de parfums secondaires : liqueur, zestes d'agrumes.

Fondant granuleux

Texture grossière, légèrement granuleuse ; fondant épais et compact, ou humide et mou (si on a incorporé des œufs) ; couleur sombre ; saveur écœurante.

Pourquoi : chocolat insuffisamment fondu ; chocolat figé (voir Fondre le chocolat, p. 125) ; œufs incorporés dans le chocolat chaud.

Que faire : saupoudrez d'amandes grillées moulues, de pistaches ou de pralin pilés

PROBLÈMES ET SOLUTIONS

Fondant impossible à trancher

Pourquoi : trop d'ingrédients liquides, manque de chocolat ou de beurre ; fondant insuffisamment refroidi.

Que faire : mettez le fondant au congélateur ; lorsqu'il est ferme, coupez en tranches, posez sur des assiettes et laissez dégeler avant de servir. Voir aussi « Rattrapage express ».

RATTRAPAGE EXPRESS

Si le fondant forme des grumeaux, faites-en des truffes : coupez-le en morceaux, passez les paumes de vos mains dans du sucre glace ou du cacao et roulez des truffes grossières. Enrobez-les d'amandes grillées et moulues. Posez-les sur une plaque et mettez au frais. Lorsque le fondant est trop mou, étalez-le sur des biscuits dans des coupes individuelles, nappez de crème fouettée et terminez par une autre couche de biscuits.

SOUFFLÉS ET MOUSSES

Aspect parfait

Soufflés (ici soufflé froid au citron) légers et bien gonflés, jolie forme fragile ; mousses légères, juste assez fermes pour être démoulées ; saveur délicate mais présente ; couleur claire.

Texture grossière

Mélange granuleux et épais, présence de filaments de gélatine ; texture désagréable sous la langue.
Pourquoi : gélatine insuffisamment dissoute avant d'être incorporée ; cuisson excessive de la gélatine et formation de filaments ; mélange insuffisamment battu ; gélatine incorporée au mélange froid, figée avant que celui-ci soit lisse ; mélange trop ferme pour incorporer la crème fouettée ou les blancs battus ; mélange trop ferme pour être versé dans les moules.
Que faire : saupoudrez ou couvrez de macarons ou de gâteaux au chocolat écrasés ; voir également « Rattrapage express ».

PROBLÈMES ET SOLUTIONS

Mélange épais et dense ne remplit pas le moule
Pourquoi : mélange trop ou insuffisamment battu ; mélange trop travaillé au moment d'incorporer la gélatine, les blancs ou la crème.
Que faire : décorez de façon spectaculaire avec des fruits rouges, des feuilles ou des fleurs comestibles.

Mélange fade
Pourquoi : manque d'arômes.
Que faire : servez avec une sauce parfumée au caramel, au chocolat ou avec un coulis de fruits ; arrosez de Grand Marnier.

Mélange trop ferme
Pourquoi : trop de gélatine ; mélange insuffisamment battu ; trop longtemps conservé au réfrigérateur.
Que faire : mettez à température ambiante pendant 1 h ; servez en coupelles individuelles, accompagnez d'une sauce et d'une grande quantité de crème fouettée.

Mélange trop mou
Pourquoi : manque de gélatine ; fruits incompatibles avec la gélatine ; soufflé ou mousse conservés dans une pièce chaude trop longtemps ; masse gelée puis dissociée en fondant.
Que faire : mettez au frais jusqu'au moment de servir ; servez dans le moule si nécessaire, ou dans des coupes à pied et décorez de zestes de citron confits, de chocolat râpé ou de brins de menthe.

RATTRAPAGE EXPRESS

Une sauce au kiwi redonnera vie à un soufflé ou à une mousse fades, et convient à la plupart des autres parfums incorporés : pelez 6 kiwis, réservez-en 2 pour décorer. Dans un mixeur, réduisez en purée les 4 kiwis avec 4 cuill. à soupe de vin blanc, 1 cuill. à soupe de miel et les jus et zeste d'un citron vert. Ajoutez 1 cuill. à soupe de sucre et passez au chinois pour éliminer les graines. Mettez la mousse ou le soufflé sur des assiettes, nappez de sauce et décorez de tranches de kiwi.
Proportions pour 35 cl de sauce.

BRIOCHE ET PAINS BRIOCHÉS

Cuisson parfaite

Pâte bien levée, facile à mouler, avec un joli chapeau pour les brioches, croûte régulièrement dorée ; mie tendre, légère et uniforme, de couleur crème à dorée selon la pâte ; son creux lorsqu'on tape le fond ; saveur parfumée et de beurre frais.

Brioches gonflées et trop levées

Forme irrégulière, débordant du moule ; texture irrégulière et présence de nombreux trous, goût de levure, souvent acide.
Pourquoi : trop de levure ; pâte trop rapidement levée ; pâte excessivement levée ; pâte insuffisamment pétrie avant la première levée ou avant d'être moulée ; pâte chaude et beurre fondu ; moule trop petit ; cuisson lente et pâte déformée.
Que faire : éliminez l'air, faites refroidir, pétrissez longuement et reformez la brioche avant cuisson ; augmentez la température pour cuire rapidement la croûte et l'empêcher de déborder ; si elle est cuite, faites-en des toasts ou des puddings.

RATTRAPAGE EXPRESS

Avec une brioche un peu rassie, faites du pain perdu. Coupez les bouts d'une brioche de 250 g et faites des tranches de 2,5 cm. Dans un plat creux, mélangez au fouet 4 œufs, 25 cl de lait, 1 cuill. à café de cannelle, 1/2 cuill. à café d'extrait de vanille et une pincée de sel. Faites fondre 15 g de beurre dans une grande poêle, trempez les tranches de brioche dans l'œuf battu, égouttez bien. Faites dorer pendant 1 min en retournant une fois. Rajoutez du beurre dans la poêle si nécessaire. Servez avec du miel, du sirop d'érable ou saupoudrées de sucre glace.

PROBLÈMES ET SOLUTIONS

Brioche dense ou humide

Pourquoi : levure périmée ou dissoute dans un liquide chaud ; excès de sucre ; deuxième levée trop brève ; température ambiante trop élevée et matière grasse fondue ; pâte liquide ou manquant de pétrissage ; cuisson insuffisante ; brioche mal refroidie ou emballée alors qu'elle était chaude.

Que faire : avant cuisson, faites-la lever lentement dans un endroit frais pour empêcher le beurre de fondre et permettre au gluten de se détendre ; faites doubler de volume, surtout après l'avoir moulée ; si elle est pâle, cuisson insuffisante, et qu'elle soit encore chaude, remettez au four pendant 5 à 10 minutes ; après cuisson, faites-en des toasts.

Consistance ferme

Pourquoi : farine trop riche en gluten ; pâte trop sèche ; pâte levée rapidement empêchant le gluten de se détendre.

Que faire : mettez au réfrigérateur pendant 2 à 3 h avant cuisson ; pour servir : tranchez finement ou creusez pour remplir de fruits de mer, de volaille ou de champignons en sauce.

Brioche affaissée

Pourquoi : pâte molle, insuffisamment pétrie ; mal moulée ; pâte chaude et beurre mou ; trop levée ; température de cuisson trop basse empêchant la croûte d'être saisie.

Que faire : mettez la pâte au frais pendant une nuit avant cuisson ; éliminez l'air, mettez au frais et remoulez ; augmentez la température pour saisir la croûte ; trichez dans la façon de couper les tranches.

CRÊPES

GARNISSEZ LES CRÊPES À LA FARINE DE SARRASIN, AU BON GOÛT DE NOISETTE, DE CHAMPIGNONS À LA CRÈME OU D'UN ŒUF ET DE JAMBON HACHÉ. NAPPEZ LES CRÊPES À LA FARINE DE BLÉ D'UN BEURRE D'ORANGE ET FAITES FLAMBER...

Crêpe fine

Crêpe avec des trous, se cassant facilement; consistance sèche.
Pourquoi: pâte trop fluide; manque d'œufs.
Que faire: ajoutez 1 ou 2 œufs supplémentaires.

Crêpe parfaite

Crêpe fine et souple, sans trous; couleur dorée uniforme d'un côté, taches dorées de l'autre côté; forme bien ronde; saveur délicate.

Crêpe épaisse

Crêpe épaisse et caoutchouteuse, couleur souvent brun foncé; goût de pâte.
Pourquoi: pâte trop épaisse; manque d'œufs; trop de pâte dans la poêle; cuisson trop lente.
Que faire: augmentez la température de cuisson; ajoutez du lait à la pâte.

PROBLÈMES ET SOLUTIONS

Crêpes pâles

Pourquoi: température de cuisson trop basse; temps de cuisson trop court.
Que faire: augmentez la température et poursuivez la cuisson, en retournant les crêpes plusieurs fois si nécessaire.

Crêpes trop cuites ou brûlées

Pourquoi: température de cuisson trop élevée; temps de cuisson trop long; beurre brûlé; excès de sucre dans la pâte.
Que faire: baissez le feu; utilisez du beurre clarifié.

Crêpes attachées

Pourquoi: poêle neuve; manque de beurre; excès de sucre.
Que faire: essayez une autre crêpe en beurrant légèrement mais suffisamment la poêle; si elle colle toujours, « culottez » la poêle: faites chauffer une bonne quantité d'huile et de gros sel jusqu'à ce que l'huile fume, laissez refroidir et nettoyez.

RATTRAPAGE EXPRESS

Quand les crêpes sont irrégulièrement dorées, fourrez-les et faites de gros sandwichs. Pour les crêpes salées: nappez de 3 à 4 cuill. à soupe de crème mélangée avec 1 cuill. à soupe de purée de tomates. Pour les crêpes sucrées, nappez de 2 à 3 cuill. à soupe de miel chauffé et mélangé au jus d'un citron. Faites dorer au four à 175 °C, pendant 15 à 20 min.

PANCAKES

Cuisson parfaite

Pancakes légers et denses; belle forme ronde; belle couleur dorée; centre et bord fermes; texture poreuse et tendre; saveur douce ou de noisettes, selon la farine utilisée, sans trace d'acidité.

BICARBONATE DE SOUDE ET LEVURE CHIMIQUE

Lorsqu'on mélange le bicarbonate de soude avec un acide comme le petit-lait ou le jus de citron, il forme des bulles de dioxyde de carbone, qui font lever la pâte et l'allègent. La levure chimique – un mélange de bicarbonate de soude et d'un acide – agit de la même façon. Presque toutes les marques de levure chimique sont à double action: la levure agit d'abord au contact d'un liquide, puis de la chaleur du four. C'est pourquoi vous pouvez la laisser reposer avant de l'utiliser, par exemple lorsque vous faites de la pâte à pancakes. Le pouvoir levant du bicarbonate de soude est idéal pour les recettes rapides.

PROBLÈMES ET SOLUTIONS

Pancake épais

Pourquoi: pâte trop épaisse; manque d'agent levant; pâte mal levée.

Que faire: ajoutez du lait ou de l'eau; si elle est toujours épaisse, ajoutez de la levure; si elle contient déjà de la levure, laissez reposer dans un endroit chaud.

Pancake liquide

Pourquoi: pâte liquide; manque de levure; température de cuisson trop basse: la pâte se répand dans la poêle.

Que faire: augmentez le feu; si elle est toujours liquide, mettez 60 g de farine dans un bol, ajoutez quelques cuillerées de pâte, remuez, puis ajoutez à la pâte. Si les pancakes sont épais, ajoutez de la levure et laissez reposer.

Pancake décomposé

Pourquoi: pâte trop fine; cuisson trop rapide: extérieur brûlé avant que la pâte soit cuite.

Que faire: si la pâte est liquide, ajoutez un œuf légèrement battu; si la cuisson est trop rapide, baissez le feu.

Pancake brûlé

Pourquoi: feu trop vif; temps de cuisson trop long; beurre brûlé; excès de sucre dans la pâte.

Que faire: baissez le feu; utilisez du beurre clarifié.

RATTRAPAGE EXPRESS

Si vos pancakes sont tristes, réveillez-les en les nappant de:

• Beurre à l'orange: travaillez 125 g de beurre et 1 cuill. à soupe de sucre glace pour faire un mélange crémeux, ajoutez 1 cuill. à soupe de jus d'orange et 1 cuill. à soupe de zeste râpé.

• Coulis crémeux: mélangez en battant 4 cuill. à soupe de confiture de framboises ou de gelée de groseille et 10 cl de crème fraîche, jusqu'à obtenir un coulis lisse et épais.

BISCUITS ROULÉS ET BÛCHES

Cuisson insuffisante, gâteau mou

Pâte gonflée mais pâle ; très molle quand on enlève le papier ; gâteau collant ; consistance pâteuse.
Pourquoi : temps de cuisson trop court ; température trop basse.
Que faire : poursuivez la cuisson ; augmentez la température si nécessaire ; saupoudrez de sucre glace.

Cuisson parfaite

Pâte gonflée, légèrement dorée ; gâteau moelleux et malléable quand on détache le papier ; souple mais sec au toucher ; lorsqu'on roule, il est ferme mais ne casse pas.

Cuisson excessive, gâteau cassé

Pâte sèche et brune, surtout sur les bords ; gâteau sur le point de se recroqueviller qui casse quand on enlève le papier.
Pourquoi : temps de cuisson trop long ; cuisson trop lente et pâte desséchée ; gâteau n'ayant pas été roulé alors qu'il était chaud et souple.
Que faire : enlevez les bords brûlés quand le gâteau est cuit ; arrosez de sirop de sucre et de liqueur ; lorsqu'il est fourré, couvrez les craquelures avec une crème fouettée ou au beurre, saupoudrez abondamment de sucre glace ou de cacao et décorez avec des champignons en meringue (pour une bûche de Noël), des brins d'herbe aromatique ou des fleurs comestibles ; s'il est très cassé, voir « Rattrapage express ».

PROBLÈMES ET SOLUTIONS

Bords brûlés
Pourquoi : température de cuisson trop forte ; pâte trop près des bords de la plaque.
Que faire : coupez les parties brûlées avant de garnir.

Surface irrégulière
Pourquoi : pâte inégalement répartie ; chaleur du four irrégulière.
Que faire : tournez la plaque en cours de cuisson ; après cuisson, égalisez avec la garniture avant de rouler.

Gâteau collant au torchon
Pourquoi : cuisson insuffisante ; pâte trop fluide (fréquent avec le chocolat) ; torchon humide.
Que faire : avant de rouler, si la surface du gâteau paraît collante, saupoudrez le torchon de sucre glace ; après l'avoir roulé, nappez le gâteau de crème fouettée ou au beurre.

RATTRAPAGE EXPRESS

Si la pâte est couverte de craquelures ou colle, faites des tours à trois étages : découpez des ronds avec un emporte-pièce de 7,5 cm de diamètre. Comptez 3 ronds par personne. Gardez les plus beaux pour le dessus et nappez 2 ronds de la garniture prévue. Décorez de rosettes. Dissimulez les morceaux de gâteau cassé dans la garniture. Coupez les 3 ronds restants en deux et posez sur le dessus comme des ailes de papillon. Laissez tel quel, ajoutez des baies rouges pour faire le corps, ou décorez simplement d'une truffe au chocolat.

GÉNOISES ET GÂTEAUX DE SAVOIE

Cuisson parfaite

Le gâteau rebondit légèrement quand on appuie, les bords se rétractent ; la pâte a presque doublé de volume ; surface dorée et lisse ; une brochette introduite au centre ressort propre ; saveur fraîche et parfumée.

Génoise trop cuite, dense et ridée

Pâte insuffisamment levée, gâteau ratatiné et rétracté ; croûte sombre ; génoise ferme quand on appuie, saveur manquant de fraîcheur.

Texture parfaite

Lorsqu'on coupe, le gâteau est léger et uniforme, légèrement friable.

Génoise trop cuite, dense et ridée

Lorsqu'on coupe, le gâteau est sec et la texture serrée.
Pourquoi : temps de cuisson trop long ; œufs trop battus ; excès de beurre ; pâte trop travaillée ; moule inadapté ; génoise refroidie dans le moule.
Que faire : améliorez en garnissant de crème au beurre, de crème fouettée et de confiture de fruits rouges.

RATTRAPAGE EXPRESS

Si votre génoise est dense, sèche ou irrégulière :

- Coupez en deux horizontalement et badigeonnez d'un sirop fait avec 60 g de sucre dissous dans 3 cuill. à soupe d'eau et parfumé avec 2 cuill. à soupe de cognac ; nappez de mousse aux fruits ou de fruits coupés et de crème.
- Servez avec une sauce à l'orange : pelez 3 oranges à vif ; séparez les quartiers en retirant les membranes et réservez le jus. Faites fondre 3 cuill. à soupe de confiture d'orange dans une petite casserole, ajoutez 10 cl de jus d'orange. Laissez refroidir, ajoutez les quartiers d'orange et 1 cuill. à soupe de Grand Marnier. Pour plus d'effet, utilisez des oranges sanguines. Proportions pour 25 cl de sauce.

Surface tachée
Croûte brune et tachée.

Texture poreuse et irrégulière
Croûte sèche et inégale ; bulles dues au fait que la farine a été mal incorporée ; gâteau nettement rétracté.

Génoise trop cuite, dense et ridée
Lorsqu'on coupe, le gâteau est sec et la texture serrée.
Pourquoi : temps de cuisson trop long ; œufs trop battus ; xcès de beurre ; pâte trop travaillée ; moule inadapté ; génoise refroidie dans le moule.
Que faire : améliorez en garnissant de crème au beurre, de crème fouettée et de confiture de fruits rouges ; saupoudrez de sucre glace.

Texture poreuse et irrégulière
Lorsqu'on coupe, l'intérieur est creux et les ingrédients mal mélangés sont visibles.
Pourquoi : œufs insuffisamment battus ; pâte trop travaillée ; excès d'agents levants.
Que faire : coupez 2 ou 3 fois horizontalement et garnissez de confiture ou de gelée. Voir aussi « Rattrapage express », page ci-contre.

PROBLÈMES ET SOLUTIONS

Cuisson insuffisante
Pourquoi : cuisson trop courte ; température trop basse.
Que faire : poursuivez la cuisson.

Milieu du gâteau surélevé
Pourquoi : four trop chaud.
Que faire : coupez la partie qui dépasse, retournez le gâteau et couvrez d'un glaçage ; en cas de glaçage, éventuellement, formez des vagues ou des reliefs.

Milieu du gâteau affaissé
Pourquoi : excès d'œufs, manque de farine ; œufs insuffisamment battus ; pâte trop travaillée ; pâte ayant reposé avant cuisson ; température de cuisson trop élevée.
Que faire : couvrez d'un glaçage à l'abricot ou à la groseille, remplissez le creux de fruits : pêches pelées en tranches, fruits rouges, raisins épépinés ou poires pochées, et glacez-les également.

PÂTES RICHES ET QUATRE-QUARTS

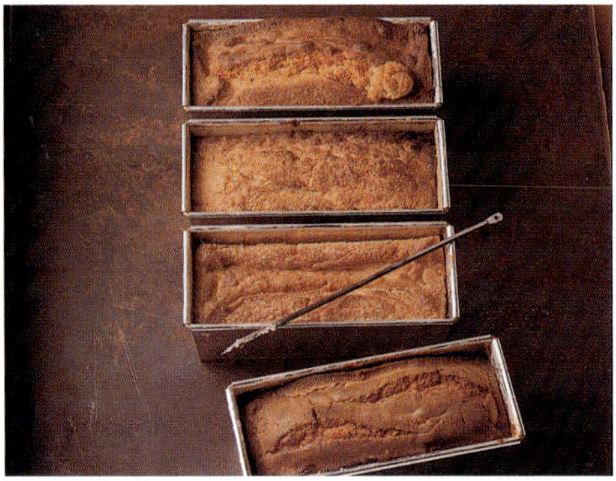

De bas en haut

Cuisson parfaite
La pâte a pratiquement doublé de volume, la croûte est dorée; la brochette introduite dans la pâte ressort propre mais légèrement humide; le gâteau rebondit quand on appuie et se rétracte légèrement; bon goût de beurre.
Nota: une surface légèrement craquelée est normale.

Cuisson insuffisante, milieu affaissé
Bords gonflés, centre affaissé; surface collante; brochette ressortant collante.

Cuisson excessive, gâteau épais
Pâte insuffisamment gonflée, croûte foncée; gâteau ferme.

Milieu trop gonflé
Milieu plus gonflé que les bords; croûte éclatée, intérieur pâle.

De bas en haut

Texture parfaite
Lorsqu'on coupe, gâteau léger et uniforme.

Milieu gonflé
Texture irrégulière et légèrement grumeleuse; croûte sèche.

Cuisson excessive, gâteau épais
Pâte dense avec des parties sèches et d'autres grasses.

Cuisson insuffisante, milieu insuffisamment gonflé
Intérieur dense et pâteux, couche inférieure pâteuse.

RATTRAPAGE EXPRESS

Si votre gâteau est dense et pas assez cuit, coupez en tranches épaisses et faites griller. Nappez de confiture ou surmontez de glace.

PROBLÈMES ET SOLUTIONS

Cuisson insuffisante, milieu insuffisamment gonflé

Pourquoi: excès d'œufs ou d'agents levants; manque de farine; excès de matière grasse; pâte insuffisamment travaillée; température de cuisson trop basse.

Que faire: coupez le dessus, retournez et faites un glaçage; remplissez le creux de baies rouges ou de fruits pochés, puis couvrez d'un glaçage à l'abricot ou à la groseille.

Excès de cuisson, gâteau épais

Pourquoi: pâte dissociée; pâte trop travaillée; moule inadapté; temps de cuisson trop long; gâteau refroidi dans le moule ou emballé avant complet refroidissement.

Que faire: coupez en tranches épaisses et nappez-les de confiture.

Milieu gonflé

Pourquoi: excès d'agents levants; température de cuisson trop élevée.

Que faire: nappez le dessus et les bords d'un glaçage au citron.

Surface tachée

Pourquoi: excès de sucre; ou trop peu dissous.

Que faire: saupoudrez de sucre glace.

GÂTEAUX PLATS (SANS FARINE)

LES GÂTEAUX SANS FARINE (EN ALLEMAND TORTE) SONT DENSES, RICHES, CONTIENNENT SOUVENT DES NOIX MOULUES OU DE LA CHAPELURE, ET PEU OU PAS DE FARINE. LA FÉCULE DE POMME DE TERRE, OU DES ŒUFS SERVENT DE LIANT.

Cuisson parfaite

Texture dense, friable, gâteau riche et moelleux ; forme régulière et surface plane ; gâteau se rétractant légèrement ; pour certaines pâtes, une brochette introduite au centre ressort propre, mais peut être humide ; saveur intense qui se développe lorsque le gâteau repose dans une boîte hermétique.

Cuisson insuffisante et milieu affaissé

Pâte (ici gâteau aux amandes) ayant peu gonflé, souvent dissociée au fond du moule ; texture dense ; le gâteau se défait.
Pourquoi : temps de cuisson trop court ; température du four trop basse ; manque d'œufs ou d'agents levants ; manque de farine ou de noix ; pâte trop travaillée.
Que faire : poursuivez la cuisson, augmentez la température si nécessaire ; servez avec une sauce du type coulis de fruits ou crème anglaise. Voir aussi « Rattrapage express ».

PROBLÈMES ET SOLUTIONS

Gâteau trop cuit
Pourquoi : temps de cuisson trop long ; chaleur du four trop forte.
Que faire : nappez de crème fraîche, parfumée de chocolat ou de café en poudre.

Gâteau fade
Pourquoi : manque de sucre ; manque d'arômes, notamment de sel ; cuisson excessive.
Que faire : saupoudrez de sucre glace, nappez de sauce au caramel, au chocolat ou à autre parfum.

Gâteau qui colle au moule
Pourquoi : moule mal tapissé ; cuisson insuffisante ; chaleur du four trop faible, pâte fondue avant de cuire.
Que faire : coupez en quartiers dans le moule et servez sur des assiettes individuelles ; nappez de chantilly ou de crème fraîche.

RATTRAPAGE EXPRESS

Si un gâteau est très dense, nappez d'un glaçage au caramel : dans une jatte, mélangez 150 g de sucre roux et 2 blancs d'œufs. Mettez au bain-marie et battez jusqu'à obtenir une masse ferme tenant entre les branches du fouet, pendant 5 à 7 min. Enlevez du feu et battez pour faire tiédir, pendant 1 à 2 min. Ajoutez 1 cuill. à café d'extrait de vanille et nappez le gâteau du mélange – le glaçage durcira au bout d'un moment. Proportions pour un gâteau de 25 cm de diamètre.

FONDS POUR TARTES SALÉES ET SUCRÉES

Cuisson à blanc parfaite

Pâte d'un doré léger et régulier, avec un bord plus sombre pour la pâte brisée (à gauche) et très dorée pour les pâtes sucrées (à droite) ; bord élevé se rétractant légèrement mais net ; pâte fine, légère et croustillante pour la pâte brisée, plus épaisse et friable pour les pâtes sucrées ; dans tous les cas, absence de trous et pâte ferme prête à recevoir la garniture.

Pâte partiellement cuite à blanc

Pâte (ici pâte sucrée) légèrement cuite, sans parties humides ; couleur crème clair, avec bord légèrement doré ; saveur légèrement teintée de farine.
Nota : une pâte partiellement cuite à blanc cuit toujours une seconde fois après avoir été garnie.

Bord affaissé

Côté affaissé jusqu'au fond ; la garniture fuit ; pâte dorée ou non.
Pourquoi : pâte mal refroidie avant cuisson ; fond mal et irrégulièrement rempli ; température du four trop basse ; garniture sèche enlevée trop tôt.
Que faire : si la pâte a peu rétréci, remplissez les vides avec des morceaux de pâte crue et poursuivez la cuisson ; si elle a beaucoup rétréci, voir « Rattrapage express ».

PROBLÈMES ET SOLUTIONS

Base gonflée

Pourquoi : pâte non piquée avant cuisson pour l'empêcher de gonfler ; garniture sèche pour la cuisson à blanc mal répartie ou enlevée trop tôt.
Que faire : pendant la cuisson, percez les bulles avec une fourchette, aplatissez et poursuivez la cuisson ; lorsque la pâte est cuite, aplatissez les parties gonflées en faisant attention de ne pas trouer la pâte.

Trou dans la pâte

Pourquoi : pâte trop fine ; pâte rétrécie et fendue en cours de cuisson.
Que faire : avant de garnir, bouchez avec des morceaux de pâte crue et faites cuire pendant 3 à 5 min ; après avoir ajouté la garniture, faites cuire immédiatement en espérant que la cuisson bouchera le trou.
Nota : si le fond est complètement gorgé de jus, jetez-le.

Cuisson insuffisante, pâte claire

Pourquoi : temps de cuisson trop court ; chaleur du four trop basse.
Que faire : avant garniture, poursuivez la cuisson, en augmentant la température ; après garniture, placez la tarte dans le bas du four et poursuivez la cuisson.

RATTRAPAGE EXPRESS

Si la pâte est difficile à étaler ou qu'elle a beaucoup rétréci au four, faites un simple disque : découpez dans la pâte un rond parfait, de la taille d'un moule en céramique ou en verre, et faites-le cuire à la même température qu'un fond. Cuisez la garniture dans le moule sans pâte. Servez avec la pâte cuite posée sur la garniture ou coupée en quartiers séparément.

TARTELETTES

LES TARTELETTES DÉLICATES FONT LA GLOIRE DES GRANDS BUFFETS. N'HÉSITEZ PAS À LES GARNIR DE FAÇON SOMPTUEUSE OU ÉTONNANTE : HOMARD ET SAUMON FUMÉ, MINI-LÉGUMES, FRAISES DES BOIS, MYRTILLES GÉANTES, GROSEILLES À MAQUEREAU…

Cuisson parfaite

(ici tartelettes aux poires et aux amandes)
Tartelette profonde, bord élevé ; pâte croustillante et légère mais suffisamment ferme pour recevoir une garniture ; couleur délicatement dorée avec bord plus sombre ; odeurs de la pâte légèrement grillée et de la garniture intenses.

Cuisson parfaite à gauche

Tartelette (ici pâte brisée) profonde, bord élevé ; pâte légère et croustillante mais suffisamment ferme pour recevoir la garniture ; couleur délicatement dorée avec bord plus sombre ; odeur légèrement grillée et de beurre frais.

Base gonflée à droite

Base boursouflée, laissant peu de place pour la garniture ; tartelette rétrécie, bord affaissé.

PROBLÈMES ET SOLUTIONS

Pâte adhérant au moule

Pourquoi : garniture ayant débordé ou fui ; cuisson insuffisante ; moule frotté et lavé à l'eau.
Que faire : en cas de cuisson insuffisante, poursuivez la cuisson jusqu'à ce que la pâte se rétracte : laissez refroidir avant de démouler ; passez un couteau autour du bord pour démouler ; nappez de crème ou de glace.

Pâte affaissée

Pourquoi : pâte trop fine ; cuisson insuffisante ; garniture trop juteuse.
Que faire : voir « Rattrapage express ».

RATTRAPAGE EXPRESS

Si les tartelettes collent ou sont affaissées, dissimulez les dégâts avec des herbes ou des fleurs comestibles.

TOURTES ET PIES

LES CROÛTES SUPÉRIEURE ET INFÉRIEURE DES TOURTES DOIVENT CUIRE UNIFORMÉMENT. ÉTALEZ FINEMENT LA PÂTE FORMANT LE FOND, FAITES CUIRE ASSEZ BAS DANS LE FOUR, SUR UNE PLAQUE PRÉCHAUFFÉE.

De haut en bas

Cuisson parfaite

Croûte supérieure (ici tarte aux pommes américaine) croustillante et uniformément dorée, bord légèrement grillé ; fond croustillant, non pâteux, parts faciles à couper ; garniture tendre ; saveur de la pâte légèrement caramélisée, goût de beurre pour la pâte brisée, intense pour la pâte sucrée, touche de sel qui rehausse la douceur.

Cuisson insuffisante, fond pâteux

Croûte supérieure dorée, garniture tendre mais intérieur pâteux.

Pourquoi : temps de cuisson trop court, tourte placée trop haut dans le four.

Que faire : couvrez d'aluminium ménager, placez sur une plaque chaude dans la partie inférieure du four et poursuivez la cuisson. Si la tourte est cuite, laissez refroidir, enlevez la croûte supérieure et coupez en parts ; répartissez la garniture dans des assiettes individuelles, jetez le fond, et servez avec les parts de croûte découpées.

AUTRE PROBLÈME

Garniture fade

Pourquoi : manque de sel ou de sucre ; manque d'épices, vanille ou autres arômes.

Que faire : servez les tourtes salées avec du ketchup, de la moutarde, des olives, des légumes au vinaigre ou autres condiments ; pour les tourtes sucrées, saupoudrez de sucre-glace. Voir aussi « Rattrapage express ».

RATTRAPAGE EXPRESS

Servez une tourte aux fruits décevante avec cette sauce au citron, une version sucrée de l'avgolemono grec. Portez 25 cl de crème fraîche à ébullition. Mélangez en battant 3 jaunes d'œufs, 1 cuill. à soupe de sucre et le jus d'un citron. Ajoutez la crème chaude en remuant. Remettez sur le feu et faites cuire doucement en remuant constamment, jusqu'à ce qu'elle épaississe légèrement. Ne faites pas bouillir, sinon l'œuf coagulerait.

Pour 35 cl de sauce et 4 à 6 personnes.

FEUILLETÉS SALÉS ET SUCRÉS

De haut en bas

Petits-fours parfaits

Palmiers, sacristains au fromage, chapeaux au fromage, allumettes au cumin et au pavot. Tous sont feuilletés et brun doré, avec un goût de beurre.

Cuisson parfaite

Petits-fours bien feuilletés, dorés, croustillants et légers ; formes régulières ; saveur caramélisée, goût de beurre.

Cuisson excessive, petits-fours brûlés

Pâte très rétractée et très sombre, sucre brûlé ; saveur amère.

De gauche à droite

Cuisson insuffisante

Bien que feuilletés, les petits-fours (ici palmiers) sont à peine croustillants ; intérieur pâteux ; couleur or pâle ; saveurs insuffisamment développées.

Cuisson parfaite

Petits-fours bien feuilletés, dorés, croustillants et légers ; formes régulières ; saveur caramélisée, goût de beurre.

Cuisson excessive, petits-fours brûlés

Pâte très rétractée et très sombre, sucre brûlé ; saveur amère.

PROBLÈMES ET SOLUTIONS

Cuisson insuffisante

Pourquoi : temps de cuisson trop court.
Que faire : poursuivez la cuisson, baissez la température, si nécessaire, pour que la pâte cuise à l'intérieur sans brûler à l'extérieur.

Excès de cuisson, feuilleté brûlé

Pourquoi : temps de cuisson trop long ; cuisson trop lente, permettant au beurre de s'échapper et à la pâte de se rétracter ; pâte mal étalée, façonnée de façon irrégulière, d'où cuisson irrégulière.
Que faire : saupoudrez les feuilletés cuits de fromage et faites gratiner, saupoudrez les feuilletés sucrés de sucre glace ; s'ils sont très brûlés, enlevez les parties brunes.

Feuilletés plats

Pourquoi : pâte médiocre, feuilletage collé ; pâte pas refroidie avant cuisson ; feuilletés mal façonnés ne pouvant pas gonfler ; température du four trop faible.
Que faire : rien – les feuilletés seront denses mais auront bon goût.

Manque de goût

Pourquoi : manque de sel ; manque ou excès d'arômes ; cuisson insuffisante ; sucre insuffisamment caramélisé (feuilletés sucrés).
Que faire : voir « Rattrapage express ».

RATTRAPAGE EXPRESS

Saupoudrez les petits-fours salés imparfaits de fromage et poursuivez la cuisson ; saupoudrez les petits-fours sucrés de sucre et faites caraméliser.

SABLÉS DÉCOUPÉS ET MOULÉS

BEAUCOUP DE GÂTEAUX SECS SONT À BASE D'ÉPICES, DU TYPE CANNELLE, ANIS ET CUMIN, ET DE PARFUMS FORTS COMME LE CHOCOLAT, LE CAFÉ ET LE ZESTE RÂPÉ D'UN CITRON OU D'UNE ORANGE. ON UTILISE SOUVENT DU SUCRE ROUX, DU MIEL OU DU SIROP…

Cuisson insuffisante

Gâteaux à peine dorés, dessous pâle ; texture molle et goût de pâte.

Pourquoi : temps de cuisson trop court ; température du four trop basse ; manque de sucre : gâteaux peu dorés.

Que faire : poursuivez la cuisson, en augmentant la température du four si nécessaire ; s'ils sont pâles, nappez d'un glaçage blanc ou au chocolat.

Cuisson parfaite

Gâteaux dorés et coloration uniforme ; texture fondante et croustillante, suivant la quantité de matière grasse et sucre ; parfum affirmé.

Nota : les gâteaux mous deviennent souvent croustillants en refroidissant.

RATTRAPAGE EXPRESS

Lorsque les gâteaux sont fades, nappez-les d'un glaçage : battez 125 g de sucre glace avec le zeste râpé et le jus d'une orange. Le glaçage doit napper la cuillère – s'il est trop épais, ajoutez du jus d'orange, s'il est trop liquide, ajoutez du sucre. Badigeonnez chaque gâteau d'environ 1 cuill. à café de glaçage et laissez figer.

Pour 10 cl de glaçage et environ 24 gâteaux.

PROBLÈMES ET SOLUTIONS

Cuisson irrégulière

Pourquoi : formes irrégulières ; chaleur du four irrégulière ; plaque trop fine ; plaque trop haut ou trop bas dans le four.

Que faire : déplacez les plaques dans le four. Enlevez les gâteaux cuits au fur et à mesure. Après cuisson, triez les gâteaux et servez séparément ; faites-les se chevaucher sur le plat, en cachant ceux qui sont trop cuits.

Pâte répandue sur la plaque

Pourquoi : excès de liquide, beurre ou sucre dans la pâte ; pâte insuffisamment refroidie avant cuisson ; plaque chaude.

Que faire : découpez avec un emporte-pièce quand ils sont encore chauds.

Gâteaux tombant en miettes

Pourquoi : pâte trop sèche ; manque de farine ou d'œufs ; gâteaux déplacés alors qu'ils étaient chauds.

Que faire : s'ils sont pâles, poursuivez la cuisson ; laissez refroidir avant de les déplacer.

Gâteaux adhérant à la plaque

Pourquoi : plaque insuffisamment beurrée ; cuisson insuffisante ; gâteaux ayant refroidi sur la plaque.

Que faire : essayez de décoller les gâteaux avec un couteau fin ; si le papier colle, versez un peu d'eau, sous la feuille : elle se décollera ; s'ils collent toujours, remettez au four.

Manque de goût

Pourquoi : manque de sucre ou sel ; ingrédients fades.

Que faire : badigeonnez les fournées suivantes d'un glaçage au sel ou sucre ; après cuisson, saupoudrez de cannelle et sucre ou nappez d'un glaçage acidulé, voir « Rattrapage express ».

CRÈME ANGLAISE

LA CRÈME ANGLAISE EST L'ACCOMPAGNEMENT IDÉAL DE NOMBREUX DESSERTS : PUDDINGS, FLANS, SOUFFLÉS, MOUSSES, GÂTEAUX ET COMPOTES DE FRUITS. TOUS LES PARFUMS LUI CONVIENNENT, DE L'ANIS AU CAFÉ EN PASSANT PAR LE ZESTE DE CITRON.

Crème trop liquide

Même consistance que celle du lait ; trace ne persistant pas sur la cuillère en bois lorsqu'on y passe le doigt.
Pourquoi : cuisson insuffisante, trop peu de jaunes d'œufs.
Que faire : poursuivez la cuisson à feu doux à moyen, en remuant constamment ; s'il manque des jaunes d'œufs, ajoutez 1 à 2 cuill. à café de Maïzena diluée dans de l'eau et poursuivez la cuisson.

Crème parfaite

Consistance crémeuse, lisse, trace nette sur la cuillère en bois lorsqu'on y passe le doigt ; arôme délicat, parfumé à la vanille.

Crème coagulée

Traces de filaments d'œuf coagulé.
Pourquoi : excès de cuisson, température trop élevée ; lait tourné.
Que faire : versez toute la crème en une seule fois dans une coupe froide et battez vigoureusement.

PROBLÈME ET SOLUTION

Crème fade

Pourquoi : contamination par d'autres parfums dominants.
Que faire : couvrez bien ; avant de servir, ajoutez un parfum vigoureux : alcool ou liqueur.

RATTRAPAGE EXPRESS

Si la crème est légèrement coagulée et d'une consistance désagréable, passez-la au mixeur jusqu'à ce qu'elle soit lisse.
Nota : si les fragments d'œuf coagulé sont trop importants, il n'y a rien à faire.

CRÈME PÂTISSIÈRE ET CRÈME LÉGÈRE LIÉE

LA CRÈME PÂTISSIÈRE EST L'UNE DES BASES DU RÉPERTOIRE DES DESSERTS : ELLE GARNIT LES TARTES AUX FRUITS, DONNE DE LA CONSISTANCE AUX GARNITURES DE GÂTEAUX ET FORME LA BASE DES SOUFFLÉS.

Crème pâtissière parfaite

Brillante et lisse ; garde la marque du fouet pendant 3 à 5 s quand elle est chaude, mais reste nappante ; couleur blonde délicate parsemée de grains de vanille ; parfum riche et prononcé, sans trace de farine ni de fécule ; masse bien ferme lorsqu'elle est froide.

Crème pâtissière trop épaisse

Crème collante et très ferme quand elle est chaude ; rigide et visqueuse quand elle est froide ; saveur farineuse.
Pourquoi : excès de farine ou de fécule ; excès de réduction.
Que faire : ajoutez du lait, une liqueur ou du jus de fruits.

Crème légère parfaitement liée

Brillante et très lisse ; nappe la cuillère et s'écoule en un filet régulier ; parfum délicat, le plus souvent de vanille.

PROBLÈMES ET SOLUTIONS

Trop liquide
Pourquoi : manque de farine ou fécule, manque de cuisson.
Que faire : faites cuire doucement en remuant et réduisez.

Présence de grumeaux
Pourquoi : cuisson trop rapide ; crème pas assez fouettée.
Que faire : enlevez du feu, battez vigoureusement ; en cas de persistance des grumeaux, passez au tamis.

Présence d'une peau
Pourquoi : la crème n'a pas été couverte d'un film plastique.
Que faire : battez vigoureusement pour la rendre lisse.

Crème coagulée
Pourquoi : manque de farine ou de fécule pour stabiliser le lait et les jaunes ; lait tourné ; crème parfumée avec un acide (citron).
Que faire : enlevez du feu et battez vigoureusement ; passez au mixeur.

Crème fade
Pourquoi : manque de parfum (trop peu de vanille).
Que faire : parfumez la crème froide : extrait de vanille, rhum, cognac, liqueur de fruits.

Goût de farine ou fécule
Pourquoi : manque de cuisson.
Que faire : portez la crème chaude à ébullition et laissez frémir pendant 2 min en fouettant ; parfumez la crème froide (café).

Taches brunes
Pourquoi : crème attachée (trop cuite ou mal fouettée).
Que faire : passez au tamis en prenant soin de ne pas gratter le fond de la casserole.
Nota : si elle est très attachée, il n'y a rien à faire.

SABAYON

QUAND ON DIT SABAYON, ON PENSE EN GÉNÉRAL AU ZABAGLIONE ITALIEN, À BASE DE JAUNES D'ŒUFS, DE SUCRE ET DE MARSALA. MAIS D'AUTRES PARFUMS FONT D'EXCELLENTS SABAYONS : LE RHUM, LE MUSCAT, LES FRUITS, SURTOUT LES FRUITS ROUGES.

Sauce trop liquide

Sans consistance ni onctuosité.
Pourquoi : manque de cuisson ; cuisson trop rapide, donc l'œuf ne mousse pas et n'épaissit pas ; œuf trop cuit sur le point de coaguler ; excès de liquide.
Que faire : poursuivez la cuisson ; si la sauce se liquéfie après épaississement, l'œuf est sur le point de coaguler : trempez rapidement le fond du récipient dans l'eau froide et battez jusqu'à tiédissement ; voir « Rattrapage express ».

Sauce parfaite

Lisse, légère et onctueuse, sauce fait le ruban pendant 10 s quand on la soulève ; arôme délicat, présence nette du parfum de liqueur, vin ou jus de fruits.
Nota : si on bat jusqu'à refroidissement total, la sauce ne tiendra que pendant 10 à 15 min.

Sauce coagulée

Liquide, grumeleuse avec filaments d'œufs visibles ; consistance légèrement granuleuse en bouche.
Pourquoi : chaleur excessive ou cuisson trop longue ; sauce réservée au chaud trop longtemps.
Que faire : malheureusement, pas grand-chose. Pour sauver la face, voir « Rattrapage express ».

PROBLÈMES ET SOLUTIONS

Sauce fade
Pourquoi : manque de parfum.
Que faire : ajoutez du sucre ou une liqueur.

Sauce dissociée
Pourquoi : la sauce a attendu trop longtemps.
Que faire : battez vigoureusement et servez immédiatement.

RATTRAPAGE EXPRESS

Si votre sabayon est trop cuit et grumeleux, enlevez-le du feu, mettez le récipient dans l'eau froide et refroidissez en fouettant. Puis transformez-le en crème : pour 25 cl de sabayon, battez 12 cl de crème fleurette en chantilly ferme et incorporez-la délicatement au sabayon.

COULIS ET PURÉES DE FRUITS

LE MOT COULIS VIENT DE COULER ET DÉSIGNE DES SAUCES AUSSI BIEN SUCRÉES QUE SALÉES. UN COULIS DOIT ÊTRE LIQUIDE, MAIS PLUS ÉPAIS QU'UNE SAUCE, ET SE SERT AVEC LES GÂTEAUX ET LES PÂTISSERIES.

Consistance trop liquide

Présence d'eau ; coule aisément ; manque de goût et de couleur.
Pourquoi : excès d'ingrédients liquides ; excès de sucre.
Que faire : réduisez en purée en ajoutant les mêmes fruits ou des fruits charnus : fraises (pour les fruits rouges) ou pêches (pour les fruits jaunes) ; transformez la purée en coulis ou faites cuire (voir page ci-contre).

Coulis parfait

Aspect lisse ; nappe légèrement la cuillère ; couleur vive et brillante ; arômes concentrés et saveur fraîche.

Coulis granuleux

Manque d'homogénéité, aspect sirupeux, couleur terne.
Pourquoi : pulpe mal réduite en purée ; graines et fibres non éliminées.
Que faire : repassez au mixeur ; si nécessaire, passez au chinois.

PROBLÈMES ET SOLUTIONS

Texture grossière et fibreuse

Pourquoi : pulpe contenant des graines et des fibres à l'origine, pulpe mal réduite en purée.
Que faire : passez au mixeur puis au chinois.

Goût fade

Pourquoi : fruits sans goût ; manque de sucre ou d'ingrédients aromatiques.
Que faire : ajoutez du sucre, du jus de citron, du kirsch ou un autre alcool blanc : prune ou poire.

Goût acide

Pourquoi : fruits manquant de maturité ; manque de sucre.
Que faire : ajoutez du sucre ou du miel.

Manque de couleur

Pourquoi : fruits fades ou manquant de maturité ; sauce oxydée à l'air.
Que faire : ajoutez des fruits frais entiers ou coupés (fruits rouges de préférence) ou une herbe aromatique (menthe), ou un colorant alimentaire.

RATTRAPAGE EXPRESS

Rattrapez un coulis liquide ou insipide, en ajoutant des fruits frais en morceaux. Pour 25 cl de coulis de fruits rouges, ajoutez 175 g de fraises grossièrement coupées ou de framboises et de la menthe hachée. Pour 25 cl de coulis de mangues ou de pêches, ajoutez 175 g de morceaux d'orange ou de melon et de la citronnelle hachée ou des amandes effilées grillées. Le résultat est garanti !

COULIS OU SAUCES DE FRUITS CUITS

BIEN QUE SE RESSEMBLANT, LES COULIS CRUS ET CUITS N'ONT PAS LE MÊME GOÛT. LE PREMIER EST VIGOUREUX, LE SECOND PLUS RICHE ET PLUS MOELLEUX. LES COULIS PEUVENT ÊTRE ÉPAIS COMME LA COMPOTE DE POMMES, OU TRANSPARENTS.

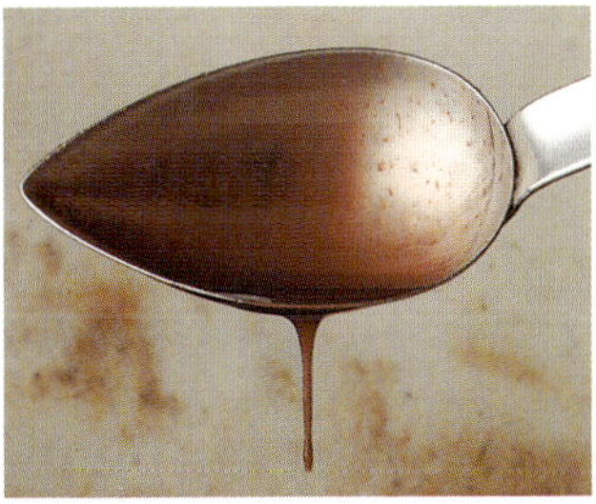

Consistance trop liquide

Présence d'eau, coulis transparent, manque de goût et de couleur.
Pourquoi : excès d'ingrédients liquides ; manque de pulpe ou d'agent épaississant et liant.
Que faire : faites réduire à la bonne consistance ; liez à la fécule ou à la Maïzena.

Coulis parfait

Aspect lisse ; nappe légèrement la cuillère ; couleur vive et brillante ; arômes concentrés et saveur fraîche.

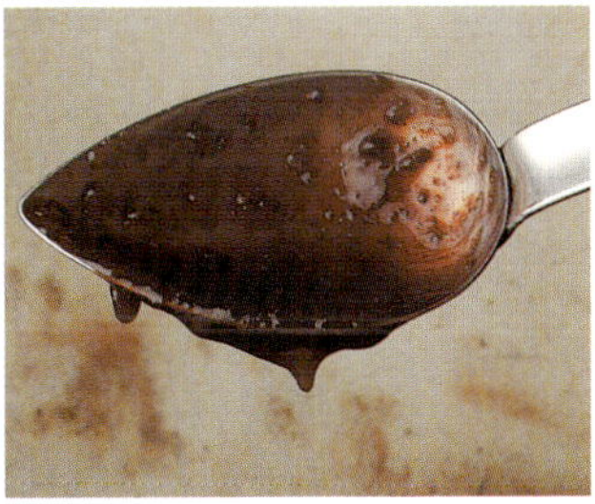

Coulis granuleux

Manque d'homogénéité, aspect sirupeux, couleur terne.
Pourquoi : pulpe mal réduite en purée ; graines et fibres non éliminées.
Que faire : repassez au mixeur ; si nécessaire, passez au chinois.

PROBLÈMES ET SOLUTIONS

Consistance trop épaisse sirupeuse

Pourquoi : manque de liquide ; excès d'agent épaississant, surtout de Maïzena.
Que faire : délayez avec du jus de fruits, une liqueur ou de l'eau.

Manque de goût

Pourquoi : fruits médiocres ; fruits en quantité insuffisante et excès de liquide ; coulis conservé trop longtemps : goût affaibli.
Que faire : ajoutez du sucre ; ajoutez des goûts forts : jus de citron, liqueur, herbe aromatique hachée ; faites réduire à feu doux.

Couleur terne

Pourquoi : fruits de mauvaise qualité ; fruits tachés.
Que faire : ajoutez de la liqueur de cassis, de la purée de framboises, un colorant alimentaire ; saupoudrez de menthe hachée.

RATTRAPAGE EXPRESS

Pour réveiller les saveurs après cuisson, ajoutez quelques gouttes d'extrait d'amandes (excellent avec les prunes, les abricots et les fruits à noyau), ou 1 cuill. à café d'extrait de vanille ou d'eau de fleur d'oranger.

SAUCES AU CHOCOLAT

TOUTES LES RECETTES DE SAUCE AU CHOCOLAT DEVRAIENT ABOUTIR AU MÊME RÉSULTAT : UNE PRÉPARATION RICHE, SOMBRE, BRILLANTE, ÉCLATANTE DE PARFUMS. REHAUSSEZ LE GOÛT DU CHOCOLAT AVEC DU CAFÉ, DU RHUM, DES ÉPICES ET MÊME DU PIMENT.

Sauce au chocolat parfaite

Arômes riches, aspect brillant ; nappe légèrement la cuillère aussi bien chaude que froide.

Sauce pour glace parfaite

Sauce épaisse et riche ; se fige au contact du froid, notamment des glaces.

PROBLÈMES ET SOLUTIONS

Sauce trop fluide

Pourquoi : excès de liquide.

Que faire : faites réduire doucement à la bonne consistance.

Sauce amère granuleuse

Pourquoi : manque de sucre ; manque de matière grasse.

Que faire : incorporez un peu de sucre, de beurre ou d'huile, en remuant, et faites fondre.

RATTRAPAGE EXPRESS

Rien ne vaut une goutte d'alcool pour améliorer une sauce au chocolat : incorporez au fouet 1 à 2 cuill. à soupe de rhum, de whisky ou de cognac, juste avant de servir, pour que l'alcool n'ait pas le temps de s'évaporer. Plutôt que de jeter le chocolat dissocié, transformez-le en chocolat chaud : comptez 25 cl de lait pour 175 g de chocolat. Mais il ne sera, malheureusement, jamais complètement lisse.

FAIRE FONDRE LE CHOCOLAT

IL EXISTE DES DIZAINES DE CHOCOLATS DIFFÉRENTS, AVEC DES QUALITÉS ET DES PROPORTIONS DE CACAO VARIABLES. PLUS LE CHOCOLAT CONTIENT DE BEURRE DE CACAO, PLUS IL EST FACILE À TRAVAILLER.

Sauce parfaite

Chocolat suffisamment fluide pour couler, lisse, brillant et homogène quand on le remue ; couleur profonde, dépendant de la qualité du chocolat.

Sauce dissociée

Chocolat figé, dur, granuleux ; la matière grasse du cacao surnage ; aspect peu homogène et manque d'éclat.
Pourquoi : eau ou vapeur en contact avec le chocolat, excès de cuisson (au-delà de 48 °C, moins pour le chocolat blanc et au lait), beurre de cacao dissocié.
Que faire : voir « Rattrapage express ».

RATTRAPAGE EXPRESS

Si le chocolat se dissocie et fige en cours de cuisson, enlevez du feu et essuyez les traces d'eau ; ajoutez petit à petit 1 à 2 cuill. à café d'huile ou d'une autre matière grasse pour le rendre lisse – mais il n'atteindra jamais la brillance de départ.
Nota : en cas d'excès de cuisson, le chocolat attache et est inutilisable.

TABLE DES MATIÈRES

Achevé d'imprimer en Italie par Rotolito Lombarda
Dépôt légal : 32169 - avril 2003
ISBN 2501039769
40.3826.1/01